大家小书

律师与法治

江平 著
孙国栋 编

北京出版集团
北京出版社

图书在版编目（CIP）数据

律师与法治 / 江平著 ；孙国栋编 . — 北京 ：北京出版社，2021.1

（大家小书）

ISBN 978-7-200-16056-7

Ⅰ. ①律… Ⅱ. ①江… ②孙… Ⅲ. ①律师—工作—中国—文集 Ⅳ. ①D926.5-53

中国版本图书馆 CIP 数据核字（2020）第 227388 号

总 策 划：安 东 高立志　　责任编辑：侯天保
责任印制：陈冬梅　　装帧设计：金 山

·大家小书·

律师与法治
LÜSHI YU FAZHI
江 平 著 孙国栋 编

出　　版 北京出版集团
　　　　 北 京 出 版 社
地　　址 北京北三环中路 6 号
邮　　编 100120
网　　址 www.bph.com.cn
总 发 行 北京出版集团
印　　刷 北京华联印刷有限公司
经　　销 新华书店
开　　本 880 毫米 ×1230 毫米 1/32
印　　张 11
插　　图 15
字　　数 180 千字
版　　次 2021 年 1 月第 1 版
印　　次 2022 年 9 月第 2 次印刷
书　　号 ISBN 978-7-200-16056-7
定　　价 49.80 元

江平先生就“律师的社会责任”话题发表演讲（艾群摄）

20 世纪 50 年代留学苏联时照

2000 年冬获罗马第二大学名誉博士学位后与
桑德罗·斯奇巴尼教授合影

2002 年秋季江平先生为民法学硕士生们讲解
埃塞俄比亚民法典（艾群摄）

2010 年江平先生和吴敬琏先生在中国政法大学博闻论坛上对话（艾群摄）

2010 年江平先生为口述自传《沉浮与枯荣：八十自述》签名（艾群摄）

2010 年江平先生在中国政法大学国际法学院的论坛上发表演讲（艾群摄）

2012 年立于中国政法大学昌平校区的“厚德、务实、明理、坚韧”石碑

2005 年立于中国政法大学研究生院的“法治天下”石碑

2021 年立于中国政法大学图书馆内的《中华人民共和国民法典》实施纪念鼎，图为该铜质四足方鼎的正面与背面

江平先生为《中华人民共和国民法典》实施纪念鼎撰写的铸鼎铭文

岁次庚子，时惟公历贰零贰壹年元月元日，《中华人民共和国民法典》正式施行。

《民法》立，兹事体大。于国，乃关系国家政体、助推国家治理体系建设、实行依法治国之大举；于民，系确立民事规则、保障民事权益之准绳；于法，则民事法律规章典籍上层建筑之高峰。

斯当代中国，发展是硬道理，法治是基石。《民法典》融德、法、理之精神；扬人伦、公平、正义之旗帜；张权利、义务、责任之绳尺——国家公器，公民准则。

昔《汉谟拉比法典》契于石柱，帝王封禅告于泰山。《民法典》行，当仿禹收九牧之金，铸鼎荆山之下，以阕庄严。是为记。

贰零贰壹年元月元日

江平

江平先生画像

（中国政法大学人文学院艺术教研室副教授祁志锐作）

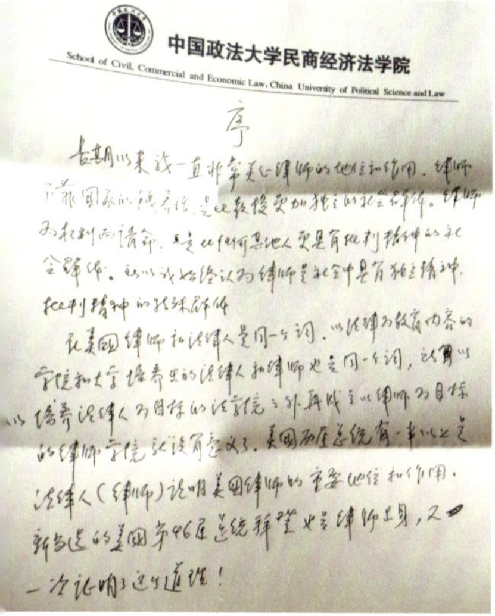

中国政法大学民商经济法学院

School of Civil, Commercial and Economic Law, China University of Political Science and Law

序

长期以来我一直非常关心律师的地位和作用。律师不靠国家的俸禄养活，是比较自由更加独立的社会群体。律师不为权利而请命，而是比任何其他人更具有批判精神的社会群体。所以我始终认为律师是社会中具有独立精神、批判精神的特殊群体。

在美国律师和法律人是同一个词。以法律为教育内容的学院和大学培养出的法律人和律师也是同一个词，所谓以培养法律人为目标的法学院之外再成立以律师为目标的律师学院就没有意义了。美国历届总统有一半以上是法律人（律师），说明美国律师的重要地位和作用。新当选的美国第46届总统拜登也是律师出身，又一次证明了这个道理！

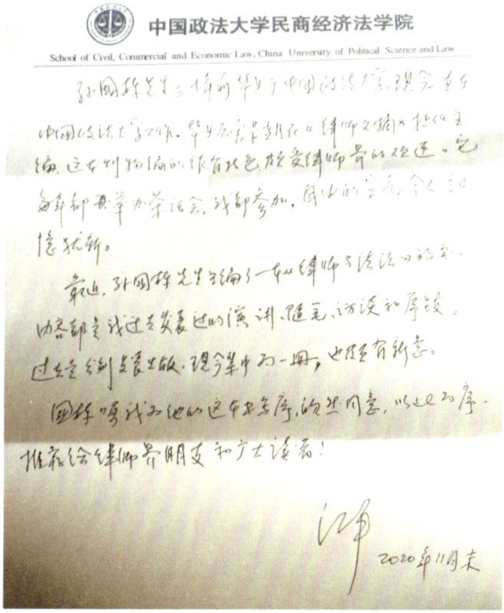

中国政法大学民商经济法学院

School of Civil, Commercial and Economic Law, China University of Political Science and Law

孙国栋先生三十年前毕业于中国政法大学后至今在中国政法大学工作。毕业后长期在《律师文摘》担任主编，这本刊物编的很有特色，颇受律师界的欢迎。它每年都要举办茶话会，我都参加，其中的盛况令人记忆犹新。

最近，孙国栋先生主编了一本《律师与法治》的书，内容都是我过去发表过的演讲、随笔、访谈和序跋，过去曾分别发表出版，现今集中为一册，也很有新意。

国栋嘱我为他的这本书写序，欣然同意，以此为序，推荐给律师界朋友和广大读者！

江平

2020年11月末

江平先生为《律师与法治》所作自序手迹

作者自序

长期以来我一直非常关注律师的地位和作用。律师不靠国家的钱养活，是比教授更加独立的社会群体。律师为权利而请命，是比其他任何人更具有批判精神的社会群体。所以，我始终认为，律师是社会中有独立精神、批判精神的特殊群体。

在美国，律师和法律人是同一个词。以法律为教育内容的学院和大学培养出的法律人和律师也是同一个词，所以以培养法律人为目标的法学院之外，再成立以培养律师为目标的律师学院就没有意义了。美国历届总统有一半是法律人（律师），说明美国律师的重要地位和作用。新当选的美国第 46 届总统拜登也是律师出身，又一次证明了这个道理！

孙国栋先生三十年前毕业于中国政法大学，现今仍在中国政法大学工作。曾经长期担任《律师文摘》主编，这个刊物很有特色，颇受律师界欢迎。它每年都举办茶话会，我都参加，自由的空气令人记忆犹新。

国栋编辑了一本《律师与法治》的书，内容是我过去发表过的演讲、随笔、访谈和序跋。过去是分别发表，现在集为一册，也颇有新意。

国栋嘱我为这本书写序，我欣然同意，以此为序，推荐给律师界朋友和广大读者！

2020 年 11 月末

总　序

袁行霈

“大家小书”，是一个很俏皮的名称。此所谓“大家”，包括两方面的含义：一、书的作者是大家；二、书是写给大家看的，是大家的读物。所谓“小书”者，只是就其篇幅而言，篇幅显得小一些罢了。若论学术性则不但不轻，有些倒是相当重。其实，篇幅大小也是相对的，一部书十万字，在今天的印刷条件下，似乎算小书，若在老子、孔子的时代，又何尝就小呢？

编辑这套丛书，有一个用意就是节省读者的时间，让读者在较短的时间内获得较多的知识。在信息爆炸的时代，人们要学的东西太多了。补习，遂成为经常的需要。如果不善于补习，东抓一把，西抓一把，今天补这，明天补那，效果未必很好。如果把读书当成吃补药，还会失去读书时应有的那份从容和快乐。这套丛书每本的篇幅都小，读者即使细细地阅读慢慢地体味，也花不了多少时间，可以充分享受读书的乐趣。如果把它们当成补药来吃也行，剂量小，吃起来方便，消化起来也容易。

我们还有一个用意，就是想做一点文化积累的工作。把那些经过时间考验的、读者认同的著作，搜集到一起印刷出版，使之不至于泯没。有些书曾经畅销一时，但现在已经不容易得到；有些书当时或许没有引起很多人注意，但时间证明它们价值不菲。这两类书都需要挖掘出来，让它们重现光芒。科技类的图书偏重实用，一过时就不会有太多读者了，除了研究科技史的人还要用到之外。人文科学则不然，有许多书是常读常新的。然而，这套丛书也不都是旧书的重版，我们也想请一些著名的学者新写一些学术性和普及性兼备的小书，以满足读者日益增长的需求。

“大家小书”的开本不大，读者可以揣进衣兜里，随时随地掏出来读上几页。在路边等人的时候，在排队买戏票的时候，在车上、在公园里，都可以读。这样的读者多了，会为社会增添一些文化的色彩和学习的气氛，岂不是一件好事吗？

“大家小书”出版在即，出版社同志命我撰序说明原委。既然这套丛书标示书之小，序言当然也应以短小为宜。该说的都说了，就此搁笔吧。

律师何为？

孙国栋

放眼中国法学界，恐怕找不出比江平先生更关注律师群体的学者了。

江平先生早年就读于燕京大学新闻系，梦想成为无冕之王。20世纪50年代，先生被选为第一批留苏学生，赴莫斯科大学改学法律，以全优成绩提前一年毕业，回国后“抢”了一项“右派”帽子，被迫离开大学讲台22年。改革开放后，先生重操旧业，以民商法学奠基者和学科带头人闻名于世，被中国政法大学师生尊奉为“永远的校长”。先生先是为私权呐喊，进而为民主、人权和“法治天下”奔走呼号。而对律师制度的研究和对律师群体的关注，成为先生晚年学术生涯极为重要的组成部分。

本书收录了江平先生有关律师行业的思考，几乎涉及律师制度、职业伦理、执业环境、行业管理的方方面面，既高屋建瓴，又具体而微；既有理论深度，又有现实关照；既有对出类之秀的关爱和期待，又有对害群之马的批评和鞭挞。笔者谨以“律师何为”做引子，试作导读。

江先生无论著述还是演讲，都不是就律师论律师，而是将律师事业置于民主法治的历史进程和司法改革乃至政治改革的宏大背景之中。江先生指出，律师制度是现代文明的产物，是一个国家民主与法治的标志，“律师兴则国家兴”。进而从反面论述，在取缔律师制度的年代，人权没有保障，司法遭到践踏，人的生命如蝼蚁，自由随时被剥夺。

江先生认为，律师职业具有两重性，具体表现为两个“道”：一是服务之道，一是治国之道。前者是通过为当事人提供法律服务而收取报酬，养家糊口；后者则是用法律维护社会的公平正义，造福于民。前者不能凌驾于后者之上。江先生反复重申，律师不是商人，不能纯粹以盈利为目的，他为《律师文摘》创刊号撰写的卷首语，提倡律师“多一些哲人气质，少一些商人习气”，将律师从“匠人”提升至“哲人”高度，赋予这个群体以高贵的精神内涵。

江先生还认为，律师应该有两个“感”——使命感和责任感。先生在《中国大律师》序言中写道：“成败、苦乐、善恶、兴衰，写就了50年残缺不全的律师史和律师人物。”江先生进一步阐述到，苦乐是自我感觉，善恶是社会形象，成败是个人事业，而兴衰则关系到国家命运。所以说律师不仅仅是谋生的饭碗，也不仅仅是中介工具，甚至不仅仅是为当事人服务，他应该有更大的使命和责任，忧国忧民，以天下为己任，在国家的现代化建设中发挥更多更重要的作用。

江先生强调律师是自由职业者。在当今中国，律师无疑比他人拥有更多的自由度，只有自己享有了更多的自由时，才有可能帮助那些失去自由的人，当一个社会人人都没有多少自由时，也就没有了律师的生存空间。律师是人权的卫士，因此维权乃律师之天职。维权不仅仅针对弱势群体，即使是黑社会老大落到被告地位时，也需要律师来维护其应有的权利以对抗庞大的公权力。

江先生提醒律师处理好权利与权力的关系，“为权利而斗争”，反抗和制约权力。当事人都是在权利受到侵害时才聘请律师的，因此律师的职责就是让当事人特别是弱势群体懂得自己的权利，行使自己的权利。律师在为他人权利斗争的同时，也是在为自身的权利斗争。律师为权利而斗争还应该包含着为法治信仰而斗争，要把自己的职业当作一种执着的信念来追求。

律师为什么要反抗和制约权力？因为绝对的权力导致绝对的腐败，权力制衡是一个国家民主制度、法治建设是否完善的试金石。而律师亲身活动在法治第一线，对司法现状的明暗进退心知肚明，所谓“春江水暖鸭先知”。律师对司法腐败不能麻木不仁、忍气吞声，而应勇于抗争、力促变革。因此，江先生鼓励律师“走向政治”，要有政治家的胸怀，积极参与立法，参与监督，关注民生疾苦和社会热点问题，促进政治体制的改革和法治国家的建成。

江先生十分注重律师的职业伦理教育，把律师的诚信提到前所未有的高度。律师最了解法律的强大与软弱，应该扬其强——法律的权威，弃其弱——法律的无能。先生要求律师重“学”而不仅仅重“术”，“无学有术”就会变成讼棍。先生告诫，律师是严谨的职业，贵在科学老实，力戒浮夸，浮夸的进一步就是虚假甚至欺骗。先生呼吁律师行业也要打假，不仅打假律师，还要打律师的假话假招。民法中的“帝王条款”——诚实信用，公序良俗，对律师同样是一个重要准则。

除了论“道”，江先生并未忽视“艺”。律师的执业技巧、职称评定、收费标准、继续教育等话题，无不在先生研究范围之内，且高见迭出，发人深省。应该说，先生并非律师学专家，这反而使得先生跳出藩篱和桎梏，独辟蹊径，视角独特，发前人未发之覆。先生博览古今中外大量资料，加之对律师现状了如指掌，行文演讲有的放矢，对症下药，名言警句和实际案例信手拈来，深受广大律师和法律共同体欢迎。而先生以民商法公司法理论对律师所管理的论述，则为律师学贡献了新的知识增长点。

我们注意到，江平先生有关律师的论述前后跨度20余年，却常读常新，甚至有超前之感。这一方面证明江先生文章的前瞻性和生命力，一方面也说明中国的民主法治建设任重而道远，律师仍需加倍努力。

“归根结底可以归纳为一句话：律师不仅是法治王冠上的一颗宝石，也是民主王冠上的一颗宝石。律师作为一个群体，理应在中国法治的舞台上、中国民主的舞台上扮演更为主动的角色！”（江平先生语）

篇幅所限，挂一漏万。还是请读者打开书页，自己探珠寻宝吧！

2020年12月9日

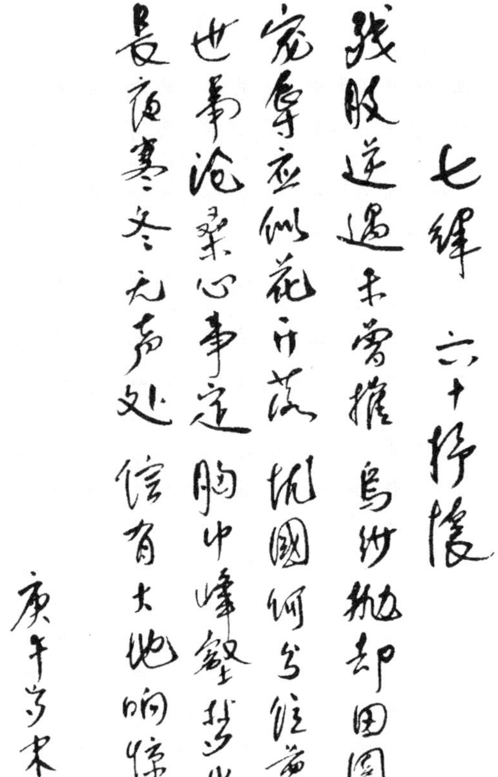

江平先生手迹《七律　六十抒怀》

目　录

辑三　访谈

辑四　序跋

附录

辑一 演讲

- 做人与做律师
- 为权利而斗争的中国律师
  ——漫谈律师形象与使命
- 律师是真正的先知
- 新世纪中国律师的使命
- 律师与诚信
  ——四面八方说诚信

做人与做律师

坦率说来，从教40多年，讲台上是不害怕的，但平生大概这堂课是我准备最充分的一堂课。面对着这么多的律师，这个题目我是不敢讲。我考虑了半天，想从八个问题上，或者说从八个问题想到的来讲一下。在这个意义上，今天可以说是跟大家交换意见、谈谈心。

第一个问题：从美国律师的社会形象讲起

为什么要从美国律师的社会形象讲起呢？因为我到美国去了以后，感觉到美国律师受人们羡慕的程度和美国律师在社会上受人尊重的程度看起来有一些差别，有些反差，或者说反差相当大。看起来社会上的职业，有的很受人羡慕，或者人们在选择职业的时候放在最先的地位来选择。但是，这样一个职业并不一定在社会上就得到人们更大的尊重。因此，受羡慕的和受尊重的这个差别引起了人们很大的关注。有的很受人尊重但不见得人们都愿意去做。比如说美国的神职人员，大概美国很少有人愿意来考神学院，神父、牧师，恐怕也不是很多人愿意来当的。但是，对于律师来说，恰恰相反。律师这个职业，大家都知道在美国确实是非常热门。人们考法律专业，已经成了第一个选择。也就是说，它的收入之高超过了总统。这一点确实令许多人羡慕。但是，美国律师的形象在社会上并不很高，或者说它是一个相当大的负面形象。我看这个反差可能正好跟神父相反。神父没人愿意去当，但是当了之后，人们对他的评价很高，很尊重。那么，如果再拿医生来比喻。在美国，医生的待遇跟律师差不多，或者仅次于律师了，医生的社会羡慕度和他受社会的尊重度也是属于比较正常的。人们也愿意来从事这个职业，而且这个职业在社会上受到了比较大的尊重。这样的话，我们就可以看出来，在美国，律师这个职业的社会评价和它受羡慕的程度成了一个反比，人们说它是个反差很大的职业。美国有一个笑话说，一位医生、一位教师、一位律师死后到了天堂，等待分配住处。圣·彼得分给了医生一套充满阳光的房间；分给教师一套别墅；分给律师一栋大厦，而且有许多舞女在为之缓歌曼舞浅唱低吟。医生和教师都不服气，就找到圣·彼得，说为什么给律师这么好的待遇，而给我们的比他都要差呢？圣·彼得回答说，物以稀为贵嘛，他是第一个到天堂来的（律师），当然要住得好一点啦。我想，律师能够升入天堂的，在美国人看来是寥寥无几的。医生和教师因为进入天堂的太多了，所以拿到一般的东西也就可以了。这样的一个比喻说明了一个什么问题？说明作为一个律师，人们对他的负面评价或者对他的挖苦是比较多的。当然，严格说来，律师职业本身带着很大的困难。

我们可以说，神父是靠着他的上帝的光环，制成了他的王冠，也可以说，牧师、神父没有什么得罪人的地方。他在人死的时候给予忏悔，挽救人的灵魂，所以，他永远是处在一个有利的地位。那么教师呢？他播给人们的是知识，从没有知识到有知识，恐怕教师也不会受到人们的非议和不满。医生给人们带来的是生命，当然他得到的也会是很多的歌颂。而我们律师，总是在诉讼争议也好，其他方面也好，给一方带来了好处，可能或者必然的就要给另一方带来一些灾难。所以，不论你是打胜一个官司也好，打输一个官司也好，我看你都要受到人们的指责。如果你打输了一个官司，对方的当事人也会骂你。从这一点来说，我们律师职业自身存在着招致不满的这么一种可能性。由此，我就想到了胡乔木同志写的歌颂律师的诗里面的一句话："你带着荆棘的王冠而来。"这可以说，律师的王冠是由荆棘编成的。我觉得胡乔木的诗里面有深刻的含义。如果说神父的王冠是靠着上帝的光环编织成的，教师的王冠是由智慧的明珠编成，医生的王冠是由生命的玫瑰编成的话，那么我们律师的王冠是由荆棘编成的。这一点，既说明了他任重而道远，他的道路崎岖坎坷，不能是那么一帆风顺，也说明了他自身的使命重大。当然，在乔木同志的诗里面，还提到了“你握着正义的宝剑而来”。在这一点上，我们可以说作为我们国家的律师，这两个应该是同时产生的。既有着荆棘的王冠，又握着正义的宝剑。

从我们国家现在律师的形象来看，总的来说，还不像美国律师那么坏。因为我们刚刚恢复律师制度十多年，我们的工作和带给社会的印象还不错。也可以说人们对于律师的歌颂现在还多于对律师的谴责。大概还没有看到一部电视剧或电影里面写哪个坏律师的。可是，有一点我们可以肯定，律师的形象在社会上现在是每况愈下的，并不是呈上升的趋势。这一点应该引起我们每一个人的注意。在我们身上具有两样东西，一个是荆棘的王冠，一个是正义的宝剑，而这将是我们在社会中的形象。

职业形象是由执业群体的一言一行形成的，将来我国律师给人的职业形象是什么，这一点非常重要。我们现在看到法官的、公安的、工商管理人员的形象，或者其他的某一个职业的形象，脑中会是一个什么看法呢？我想一个人在社会中的地位，首先离不开他的职业。如果一个职业形象已经被社会否认，那么，我们在从事这个职业时，就不会感到有多大的光荣。只有我们从事的职业的形象光荣，我们每一个人才会有光荣的感觉。所以，在这一点上，我觉得中国今天到了需要很好树立律师职业形象的时候了。而这样的一个形象要靠每一个律师自身的作为和表率来给社会答案，答案是我们自己写出来的。当然，社会的形象、职业的形象并不完全等于你个人的形象。美国虽然总的律师形象不好，但是个别律师光辉的形象也不在少数。我们在美国各地，感觉到林肯的形象是非常高大的。林肯的高大的形象，一半是他的总统的形象，一半是他的律师形象。正是因为他作为律师，掌握着法律正义的宝剑，才能够在当时的社会环境中敢于废除农奴制度。我之所以从美国律师形象谈起，就是希望中国的律师，能够以建立良好的社会形象为第一目的。

第二个问题：从马来西亚总理马哈蒂尔的讲话想到的

前半年左右吧，我看到报纸上刊登了马来西亚马哈蒂尔总理的一个讲话，实在是惊人之谈。马哈蒂尔在一次国际会议上说，世界上谁是最能够管理政府的（人）呢？他认为是医生而不是律师。马哈蒂尔对他的话也做了一番解释。他说，医生治病的方法就是先把现象拿出来，病状找出来了，然后通过化验、诊断，通过各种的办法找出病因。然后开出一个药方来解决这个病，再看他的效果如何。如果效果不好，就要采用另外的药方来解决。而治国和治病是一个道理。治国也需要先把它的问题提出来，然后通过各种办法，分析问题，最后解决它。而律师呢？律师是拿了人家的钱以后，首先肯定他是没罪，按无罪辩护，于是他找出各种的理由来说明他没有罪。所以，律师是先有一个当事人给他的任务、目的，然后为了服务于这个目的，再来找证据证明。当然，他说的话也不能说一点道理都没有。从美国的历史上来看，担任总统的 42 位里面有 21 位是律师出身，你不能说律师不会治国吧。起草美国宪法的 55 位先贤里面，有 30 位是律师。在美国宪法最后的文本上签字的 39 人中有 24 位是律师。在美国参众两院里，三分之一以上的议员都曾经从事过律师工作。所以说律师不会治国是绝对片面的。我们所说的法律，我常常给学生讲，应该是治国之语。我们现在讲依法治国，那法律不是治国之语是什么呢？如果从过去的历史看，法学本身也是一个治国之学。所以，作为一个学法律的人，自身学的不仅仅是服务之道，而且应该是治国之道。一个国家真正掌握治国之道的，应该是学文科的。学经济的人不来掌握经济、不来领导经济，学政治的不来领导政治，学法律的不来以法治国，那怎么行呢？对于我们年轻的律师，对于我们以后学政治、学法律的人来说，应该是他们负起治国之道的责任来。

但是，马哈蒂尔的话不得不让我们想起他的话里边有很值得我们深思的一个道理。这个道理是什么呢？就是我刚才讲的，律师往往讲的是服务之道，律师不一定能够掌握治国之道。而治国之道和服务之道既有它相同的一面，或者交叉的一面，也有它很不一样的一面。由此我就想到，在美国如果要想做一个名律师的话，我看可能有两种：一种名律师是，事实上是白的东西，大家都说它是黑的，而我们律师就能够最后说服大家它是白的。本来是白的东西，但社会上都说它是黑的，受了不白之冤，那么我们律师敢于出来面对真理，恢复它的本来面目。一个人本来无罪，大家都说他有罪，最后律师就证明他无罪，给了社会以公平、正义，那么这样的律师出名了。第二种呢？是本来是白的东西，大家也都认为是白的东西，可是律师就能够证明它是黑的。最后说服了大家，都认为它是黑的了，甚至说服了法官也认为它是黑的了。我看这个律师也了不起。如果说他本身有罪，社会上也认为是有罪，可是最后律师就是辩护了没罪。应该说从律师之道来说，这两种都是名律师。第一种是治国之道的名律师，他能够将公平、正义还给社会。第二种是服务之道的名律师。我请了这种律师，真能够把黑的说成白的，那真不简单。

去年我在美国作为访问学者三个月期间，正好赶上美国的世纪审判——辛普森案件。我在美国的时候还没有正式开庭。在开预备庭的时候，每天的电视广播都报道这个案件。辛普森作为美国著名的橄榄球运动员，后来又作为一个美国的电影明星，在美国社会很有知名度，甚至他作为一个黑人，他的风度是很得到人们赞扬的。但是，他被指控杀死了他的前妻和前妻的朋友，在美国的民意中，可以说70%—80%的人都认为是他杀的。为什么呢？因为如果他没有罪的话，他为什么私自驾车逃跑呢？他和那个朋友驾车逃跑的时候，警察开车在后面追，当时直升机现场向全国播送这个新闻，辛普森逃避警察的追究，逃跑，在中国说来，这一条罪就够了。那么，再加上在此之前，他把他前妻的钥匙偷了出来，你不杀人你偷人家钥匙干什么？更重要的是，在他的汽车里面发现了一滴血迹，这个血迹里面的DNA就是她的遗传因素。这个可是实实在在的东西。但是，辛普森请了美国最有名的五名律师来为他做辩护，给他们的钱是非常非常多的。那么，这些人利用了回避的办法，使法官回避。血液鉴定，他们找了美国曾经获得诺贝尔奖的人，这个专家说，遗传基因的分析还并非是一项完善的科学，如果法官仅仅根据一滴血就确定一个人是杀人犯的话，这是太愚蠢了。当然，还有许多其他方面的东西。美国实行陪审团制度，陪审团成员是由法官来指定的。但是被告的律师往往可以以各种理由，把不利于被告的陪审团的成员排斥在外。所以，在这种制度里，这五名美国律师，最后真的把辛普森辩成了无罪。一年徒刑都没有判。我碰到了一些美国人，我问他们对辛普森案件怎么看，他们都说是金钱的胜利，确确实实这五个律师在美国又一次出了大名。或者说，作为服务之道的律师，这五名律师是非常了不起的。但是，这五名律师在人们的心目中并不像前面我所说的，像林肯作为律师那样的一个高大形象出现的。我想，如何能够解决好这两个之道，这两个之间如何能够寻求到更好的接合点，或者得到它的平衡，甚至如何能够解决好它的先后顺序，都非常重要。我想在这儿顺便再说一说一个很有意思的事情，就是我们现在经常有一些辩论大赛。辩论双方抽签，抽成正方就是正方，抽成反方就是反方。我选择了这么一个辩题，我要努力去为它辩护，我要努力地去论证这个东西，我要把对方辩倒。而恰恰我选的辩题我最不赞成。所以，有人建议，能不能改变一下辩论赛的办法，把赞成这个命题的人组成一团，把心里反对这个命题的人组成另一团。这两方来辩才是真的来辩。我赞成这种观点。事实上，这个做法显然又不太可能。现在我们选择的这个办法，我说，只是个方法论的辩论。因为如果我选择了一个辩题，这个辩题是我不赞成的，而我又能够把它辩好，这至少说明，你是知己知彼，你得知道对方的论点。而且从某种意义上来说，这样的一种辩论方法更适合于律师的服务之道。

律师不一定完全赞成客户的观点，但是我仍然要找出最有利于他的证据，能够把对他最不利的地方减少。从这一点来说，辩论赛的宗旨就在于这样一个方法论。所以，辩论赛的方法论和它的目的论是两个东西。如果我们从目的论来说的话，每一个人是为自己所坚信的信仰而辩论，为你所认为的真理而辩论。而作为方法论来说，你完全可以为你不认为是真理的一方来辩论，甚至你可以为罪大恶极的人来辩护。所以，我想在这一点上，我们应该有这样的一个意识、观念，拿人家的钱当然要为人家服务，但是，在为人服务的时候，我们还要来考虑一个目的——法律的尊严，法律里面所体现的公平、正义这个崇高的目的。这个目的如果我们忘记了，如果我们仅仅限于一般的方法，这是不行的。

第三个问题：从合伙企业法的制定想到的

为什么从这儿讲起呢？因为我们现在的合伙企业法，已经提交全国人大常委会讨论了。我参加过很多次合伙企业法的讨论，也参加了两次国际立法讲座会。合伙企业法在制定的时候，有一个争论很大的问题，就是我们到底制定一部合伙法呢，还是一部合伙企业法。从世界各国来看，没有一个国家制定合伙企业法，都叫合伙法。而我们国家是以企业为本位来立法。过去有全民所有制工业企业法，有集体的，有私营的，还有其他一些都是以企业为本位立法的。外国学者建议我们搞合伙法，但是，最后，我们还是搞了合伙企业法。那么，合伙企业法和合伙法到底有什么不一样呢？它对于我们在座的律师有什么不一样呢？如果是合伙法，它本身包含了合伙律师；如果是合伙企业法，显然就不包括我们律师了。这里面存在着一个问题，就是合伙企业是以营利为目的的。虽然企业法，包括公司法都没有明确用以营利为目的这个词，但是，条文的内容里包含着以营利为目的的概念。

在起草过程中，大家说，律师、医生、会计师、建筑师现在有不少是合伙的，也收了很多的费，能不能把他们也列入企业的范围？但是，最后大家认为不能把他们看作是企业。虽然在现在合伙企业法的附则里面，最后有一句话就是律师、医生、会计师这样一些合伙事务所，可以参考有关合伙企业法的规定。这里实际上说明了一个什么问题呢？我想，说明绝不能把律师事务所看作是以营利为目的的企业。这是个绝对不能混淆的界限。也就是说，这不仅仅是个注册的问题，也不是一个拿什么样执照的问题，也不是说组织形式或者其他问题。一个基本的观念必须非常明确，就是律师本身虽然他也收费，但是他终究不等同于以营利为目的的企业。甚至他赚的钱可能比一个企业要多得多。所以，从这一点来说，我觉得我们律师职业的性质应该明确。

第一，合伙企业法的企业，是一个企业单位，而我们合伙律师事务所，无论怎么说是一个事业单位。事业单位的概念就是以一定的社会利益、目的为第一位。我们的民法通则里不是有企业法人、事业单位法人、机关法人和社会团体法人四种吗？那么，企业法人和事业单位法人的不同就在于企业法人是以营利为目的，而事业法人是以社会服务为第一宗旨。医生虽然也收钱，但是医生的第一目的是救死扶伤，绝对和企业性质的法人不能是同样的概念。我们现在有些人常常把自己的事业单位的性质混同于一个企业单位。企业可以说以营利为目的，有利的干，没利的我不干，因为要获得利润。

第二，我们的律师不是商人。西方国家有商法，商法里规定商人的定义是从事商行为的人。从事商行为就是各种营利的行为。不包括律师、医生、会计师这样一些人的工作。我想，在西方国家来说，律师就是自由职业者。我们国家即使不把他叫自由职业者，也可以说他带有自由职业者的性质。那么，自由职业者也就是拿独立的工资，不依附于任何人。商人虽然也具有独立性，但是，商人本身是为了他的金钱和商业。

第三，我觉得律师的收费和商人的利润是绝对不一样的。我们常常说律师是智力投资，但是他和商业领域里面的资本投资的概念是不一样的。投资所得的是利润，收费得到的是服务的报酬，中介的报酬。利润可以是无限的利润，而报酬只能是你所付出的劳动、所付出的服务中介的合理报酬。而利润是完全可以和他的投资不成正比的。投入一分钱，可能获得100万。

第四，就是我在许多国家了解到的，很多国家的律师，自己也从事商业行为，不仅仅是买卖股票，甚至可以开公司。但是，一个律师从事某些商业活动，并不等于律师自己的律师业务就变成了商事性质的。我想我说这一点的目的是什么，目的是让我们每个人知道自己的身份，自己的地位，自己在社会中的坐标。我们搞法律的人往往爱讲，主体是基础。主体的法律回答的是你的性质、地位、资格、你的能力是什么。我们现在从所有制划分企业逐渐要转化到以出资的形式、出资的责任来划分企业了，要变成独资企业、合伙企业、公司企业和股份合作企业。我们的法律发生了根本转变，而这种根本转变回答的问题就是：要明确你打交道的主体、你所服务对象的主体，它的性质、地位、资格、能力是什么。那么对于我们的律师来说，我们也要了解自己的性质、地位、资格、能力是什么，你在社会中的坐标是什么，只有这样定好了位，做好的律师才能够有可靠的保证。

第四个问题：从双重人格谈起

为什么呢？我在学校的时候，有些课没有人讲，我就讲了。我开始讲起了罗马法。开始讲罗马法的时候，很多人不知道，社会上有人问我讲什么，我说讲罗马法。他们说怎么你们卖骡子、卖马都有法了？在罗马法里，讲主体的时候，用了一个“人”字。其实，在大陆法国家，一切都叫“人”。民事主体就是人，可以是自然人，可以是法人，也可以是债权人、债务人。“人”字在罗马法里就是一个面具的意思。作为社会中的人，大概就像一个人有多重面具一样。比如你在家庭里面，你可能是父亲，同时又是儿子，又是孙子，同时又是丈夫；那么你在经济活动里呢？你可能在这个地方是债权人，在另外一个地方是债务人；可能在这个地方是侵权人，在另外一个地方又变成了受害人。我觉得这个字用得很好。罗马时候，没有很多的词汇在法律上来表示，但是，用了面具这样一个概念来表示“人”，就好像我们的京剧舞台上，生、旦、净、末、丑，每一个人都有一个脸谱，一种脸谱代表了一种人一样。从这个意义上来说，在法律的大舞台上，每一个人只不过是一定的角色。但是，我今天讲到的律师的双重人格，并不是社会活动里、法律关系中的多重人格。而是我们律师自身的某种多重人格。我为什么要讲这个问题呢？因为我接触到的一些律师，我觉得他们变化很快。我现在在中国国际仲裁委员会也担任仲裁员，我们几个老仲裁员谈起来，觉得有一些仲裁员同时也是律师，今天在这个地方争论得面红耳赤，说这个问题应该这么来解释，到了明天，作为另外一个角色争论时，同样的一个法律条文又做了另外的解释了。所以，对于我们来说，是实用主义地来对待法律呢，还是依照法律的真正精神来理解法律。

我为什么说这个问题呢？就是我们既然是学法律的，既然是律师，当然我们最懂得法律，只有最懂得法律的人，只有真正懂得法律的人，才知道法律空间有多大。我想在这一点上，律师很多的技巧就在于寻找法律的空间。我们知道美国是判例法，有很多优点，美国的教授上课的时候，让学生事先看好多材料，到上课的时候，老师就提出一些案例来分析，甚至提出一些模棱两可的案例让你来分析。一个侵权行为，到底构不构成侵权，由你们来分析，由你们来争论。到最后，学生要问，老师你有什么结论啊？老师说，我教给你的是方法而不是结论。老师交给学生的是方法而不是结论，当然很好。如果我只教给你结论，情况变了，你仍然以原来的结论处理，那怎么行呢？

你当然应该很好地掌握这个方法。

我们可以说法律的技巧就在于，能够在众多的法律、判例里面寻找一个最有利于你的东西，我想这是法律本身的不完善以及本身的冲突，法律之间的夹缝和空隙，法律之间的矛盾所造成的。有些国家培养律师就是培养运用法律的技巧，看谁运用得最熟练、最巧妙、最天衣无缝、最能让法官信服。所以，如果单纯把法律当成一种职业技巧来学习，我们完全可以说就是要把法律变成更适合于你的目的。

我想起了“文化大革命”期间，那时语录要比法律神圣得多，念一段语录，那就是最高指示了，甚至当时有的地方搞的无产阶级专政靠语录都可以判死刑。在两派打仗的时候，都要从语录中找出最有利于自己的东西，甚至同样的一条语录完全可以被两派的人拿来引用，作为自己行动的根据。如果我们今天拿法律来代替语录，每个人都可以用法律来为自己随心所欲地解释、运用的话，那就太可怕了。我们不能再重复到那样的年代。1957 年在我国法学界，有的就是因为学术观点而被划为右派的。我们学校有一位老教授，就是因为“无罪推定”而被划为右派的。当时以及后来批判这种“无罪推定”的文章遍地都是。而今刑事诉讼法修改了以后，那些原来靠着批判“无罪推定”，把人家打成右派的人，今天可能反过头来就变成了积极宣传“无罪推定”的人了，我说这话绝对没有任何不允许人们改变观点的看法，但是到今天还有谁会想起当时因为宣传了“无罪推定”被打成右派的那个人的观点呢？社会上非常可怕的是一个人有双重人格、多重人格。任何一个职业都应有一重人格的精神，这就是只向真理低头，只向法律低头。因为并不一定现在当权的就是真理，也并不一定现在多数人掌握的就是真理，也并不一定是在这个运动里面主张的就是真理。

律师手里没有权，他靠的是什么，靠的只能是法律。他靠的不是法律的韧性，靠的不是法律的矛盾，靠的不是法律的空隙，而是靠法律的权威，靠法律里面体现的真理。真理本身只能是一个，同一个时间、同一个事物里面我看真理只能是一个。有罪就是有罪，无罪就是无罪；是就是是，非就是非，不能有任何是打扮的。过去我们老爱批判胡适的一句话（我也不知道这是不是胡适说的，既然过去批判了恐怕还是他说的吧），胡适说：“真理就像一个女孩子，可任人打扮它。”我想这就是真理和实用主义之间的区别。我们作为律师，在服从真理这一点上应该是摆在第一位的，而不能够用实用主义的态度来对待，更不能拿实用主义的态度来对待法律，把法律看作是一个可以揉捏的东西。

第五个问题：由 1991 年民诉法的修改想起的

1991 年的民诉法还没有像 1996 年的刑诉法那样在许多重大问题上做修改，但是在当时依然也有一番争论。原来的民诉法规定：代理诉讼的律师可以依照有关的规定查阅本案有关材料，而对于其他诉讼代理人则规定需经过人民法院的许可才可以查阅本案的庭审材料。按照原来的民诉法，律师和其他诉讼代理人显然有两个不同：一是律师查阅卷宗不需要经过许可；二是律师可查阅本案的有关材料，就是卷宗，而其他诉讼代理人只能查阅本案的庭审材料。这就表明在民诉法里，律师作为代理人，他的地位与权限和非律师的代理人不同，当然这个不同也不算小。

1991 年民诉法修改时在这个问题上的争议非常大。讨论时，司法部的代表坚持要维持原民诉法的规定。大家知道最后民诉法的修改把这些不同取消了。按现在的规定，代理诉讼的律师和其他代理人都有权调查、收集证据，都可以查阅本案的有关材料，完全一样了。当时司法部还提出了很多的理由，比如说把律师和其他诉讼代理人的地位搞成完全一样的话，是不是会造成更多的“黑律师”的出现？但法律委员会讲座谈这个问题的时候，从这么几个方面来考虑：一是民事代理按民法通则的规定，是基于被代理人的自愿和委托。被代理人享有哪些权利，代理人就享有哪些权利。律师作为代理人享有的权利，其他代理人也可以享有，因为这是基于民法中的民事代理的性质产生的。二是从便利和减轻当事人的负担来看，也不一定都要找律师来代理，如果当事人一方有朋友、有亲戚、有兄弟姐妹是大学生，是学法律的，甚至不是学法律的，但有能力来辩护，为什么不可以找他当代理人呢？这样也可以减轻当事人的负担。另外考虑到代理人不论是律师还是非律师，在法律上应该有一个平等的地位。当时我记得在讨论的时候大家说，律师本身就已经是很精通法律了，那么律师在民事诉讼代理中的优势不应该是他所享有的特殊的权利。律师的优势在哪里？是靠法律给你享有其他代理人不享有的权利呢，还是应该靠你所掌握的法律中的一些精神与你所知道的法律的知识和经验呢？最后大家一致认为，律师应该靠的是这个优势，而不是靠法律保护你的特殊权利的优势。全国十佳律师张斌生同志是我们学校 20 世纪 50 年代末的研究生，也就是因为在学校讲了一些话最后被划为右派，受苦受难了 20 多年，现在恢复了律师的职业，他成为全国相当有名的一位律师。我看《中国律师》杂志里面采访他的时候，也曾提出了这个问题。我想这个问题回答起来既简单又困难。如果说简单的话，可以说律师的优势就在于他懂法律，其他的人没有像你这样学过这么多的法律，当然没有你这样的优势。那么是不是一个人懂了很多的法律知识就能够成为一个好的律师？我看也不见得。作为一个好的律师应具备两个“感”：一个是使命感，一个是正义感。张斌生同志在谈到这个问题时特意谈到了这两个“感”。

作为律师，从忧国忧民的角度我想简单说几句。我在上中学的时候，经常看到当时所贴的标语里面经常有礼义廉耻这样的一些字，我对于这几个字里面最不好理解的是为什么要把“耻”字加进去？耻辱是耻，为什么要把“耻”看成是人生重要的美德之一？后来逐渐了解到，“耻”就是不足，一个国家、一个民族、一个人如果永远满足于自己的现状，看不到自己的不足，看不到国耻、民族的耻、自己的耻，这个人是很难进步的。“知耻而后勇”，一个人知道了自己的不足以后才能够有更大的动力。最近我看了一篇东西，非常有感触。这篇东西讲的是中国离现代化还有多远。它引用了国际上比较常用的美国一个社会学家提出来的现代化的十项指标。第一是人均国民生产总值达 3000 美元以上，而我们现在才是 400 元；第二是农业产值在国民生产总值所占比重不超过 12%—15%，我们现在是 18.8%；第三是服务业产值在国民生产总值所占比重要超过 45%，而我们现在是 33%；第四是非农业就业人口在总的就业人口里所占比例超过70%，我们现在是45.7%；第五是有文化人口在总人口里面占比例超过80%，而我们现在是43.6%；第六是青年适龄年龄里面上大学的所占比例要超过30%，而我们现在大学生只占3%；第七是城市人口占总人口比例超过50%，而我们现在城镇加在一起人口仅占28.7%；第八是平均每名医生负担的人口是800人以下，而我们现在是平均1060人中有一名医生；第九是平均预期寿命在70岁以上，我们国家已到69岁了，只差1岁，大概这项指标将达到现代化了；第十是平均每3个人以下每天有一份报纸，现在我们每23人有一份报纸，大概还都是公家订的。所以最后的结论是：我们离现代化还远得很，别太自满了。我看了之后觉得很有启发，这时刻表明我们现在还有哪些不足，国家还有哪些不足，这没有给我们抹黑，我们就是这么走过来的，我们本身就是有这样的差距。如果我们现在以“中国离现代真正的民主与法制还有多远”为题，恐怕没有人敢写这篇文章。其实如果说真正的民主与法制标志也能列出十条来，咱们每条还差多少，我看可以给我们敲敲警钟。虽然我们这十几年民主与法制的建设确实取得了很大的成绩，但我们也应该认识到存在的差距。我们作为律师是维护国家的民主与法制，而且也最了解我们国家的民主与法制的差距还有多远，我们民主与法制最薄弱的地方在哪里，知晓现在法制建设中的不足、混乱和腐败。但是我们有几个律师能写出我们的差距，或是提出我们的建议呢？有的律师跟我说，当律师真累啊，我是不想去吃饭的，但是不得不去请。当然我很相信他的话，他请人也不是真心的，这种现象不能不引起人们的思考。所以我说律师本身应是法律建设里面最好的一面镜子。《中国律师》杂志有一篇介绍西安律师许小平的文章，他办理一个案子感觉到我们现在收审制度中的问题很大。这样的收审制度实际上在很大范围内侵犯了人权，造成了很多的问题。他在刑诉法修改之前就发表了一篇文章，是《关人容易放人难——简论收审制度的弊端》。我想这是一个对历史负责的律师，他看到了收审制度的弊端，他也敢于提出收审制度的弊端。我们的律师在我国的民主法制建设里看到的东西最清楚，碰到的问题最深刻，所受的切肤之痛比别人更多，所以律师能不能够就中国的法制建设提出意见，这是我们的历史使命感。

我自己有时也很惭愧，坦率地说，我作为全国人大代表也好，作为常委也好，收到了不少告状信，有许多是血泪之篇，凭直觉感觉到它是真实的，但是我觉得太无能为力了，有时只能够转到有关部门，有的连转有关部门也没做到。从这点来看，我应该说是有愧的。我们国家民主法制不健全可以举出很多活生生的例子来；人权受到侵犯也好，在基层受到的各种不公平待遇也好，冤狱也好，律师在此应该起到比别人更多的作用，法律本身就是要解决这样的问题。这个历史责任和历史使命，我们不应该推卸，从我们的良心来说也不应该推卸。

第二个是正义感。我觉得正义感本身就是要解决是非善恶的问题。其实刑事案件无非是解决善恶的问题。我很欣赏中国人民大学青年刑法教授陈兴良的一段话，在他的一本书的题记里面这么写道："刑法学是以犯罪为研究对象的。犯罪是一种恶，因此可以说刑法学是一门研究恶的学问。正因为刑法学研究恶，才要求我们的研究者具有一种善的冲动。刑法学的研究，通过观察与剖析恶，使我们更加向往与信仰善。"我想这一条非常重要。学法律的、运作法律的要有一种善恶观念，要有一种悲天悯人的情怀，要有一种拯救人们于苦难之中的情怀。所以在我们的律师收入比较高的时候，我们不要纸醉金迷、不要麻木不仁，在面对现实社会还仍有许多不公平的东西时，能够多一点赤子之心。人贵有赤子之心。有时我觉得一个小孩说的话，它所体现的东西是最真诚的。

第六个问题：从一人公司想起的

有人可能说一人公司跟今天的讲座无关，但我想企业发展的历史很有意思。企业的发展历史从最早的独资企业，承担无限责任，经过了合伙、两合公司、股份公司、有限公司，乃至于最近欧洲国家、美洲、日本出现的一人公司：一个股东独资并承担有限责任。这是一个很有趣的现象。我搞公司法更多一些，这个现象有人称之为“否定的否定”，但是却更进了一步。原来一个人出资办的企业承担无限责任，经过历史循环，2000多年以后，一个人出资的公司又变成有限责任了。当然这不是我国，而是以西方来说。有人说这是人性的高级回归。人大概还是很愿意一个人干，不愿意合伙干。虽然股份公司很高级，但是股份公司并没有多少合作，你买你的股票、我买我的股票。那么三资企业也有这个问题。听说现在外商投资，很多人不愿意搞合作、合资企业，因为跟中方搞合资、合作，扯皮的相当多，最后还不如外商独资来干。公司法颁布后，我们仍然面临着大量这样的问题。我们公司法现在没有规定法人独资的企业，我们现在的工商管理部门至今不登记法人独资的公司。有一次在深圳开会时，我碰到国家工商管理局的曹局长，他说法律现在不允许成立法人独资公司，那怎么办呢？那变成两个人办行不行啊？要是两个人中一人出资 99%，另一个出资 1% 可不可以呢？这样就不存在两方共同管理了，1% 的一方无须管理。现在这种情况很多，我们却没有办法，因为法律没有禁止如此出资的情况。所以工商局决定出台一个管理办法，规定两方共同出资的一方不得少于20%。我说这样并不能禁止，如果人家办一个三方出资的有限责任公司，一方出资98%，另两方各出资1%，可以不可以呢？这样无论出台多少个管理办法也不能完全规范这类情况。法律恐怕不能明确做出规定。所以说法人独资的企业实际上根本无法禁止，也没有办法来解决。

从历史上看，合伙本身在有一段时间被认为是一种非常有凝聚力的好的经营方式，合伙人都承担连带无限责任，连带无限责任好比一根绳上拴住了几只蚱蜢，或者说大家同在上帝的诺亚方舟上，要沉一起沉。所以从理论上说，合伙应该有更大的凝聚力。我为什么要讲这个问题呢，讲这个问题是因为我深感现在合作律师事务所也好，合伙律师事务所也好，以个人名字命名的律师事务所也好，国办的律师事务所也好，真正有凝聚力、大家齐心协力的也有，但是更多的是患难的时候共同挺过来了，赚了钱就吵架分开了，这样的情况我看得太多了。当然一个律师事务所的合与散也不必大惊小怪，人不能吊死在一棵树上，人也不可能永远合作在一起，分出来自己办所也没有什么了不起，这话是对的。但是确实存在着这么一个问题：将来我们向更大的规模发展的时候，律师必须要有相互间的真诚合作和真正的凝聚力。有人说为什么中国人喜欢麻将，外国人喜欢桥牌，这有区别。打麻将是“只许我一个胡，不许你们三个人胡”；而打桥牌讲的是对手间的配合。我来叫将让你知道，两个人的牌要沟通，对方的牌底是什么要知道，如果牌更适合你打你就打，如果牌更适合我打那我来打。如果桥牌不讲究配合、不讲究协作那是永远都打不成的。所以有人说中国人的人性是“麻将的人性”，当然这话我不知道对不对，姑妄听之吧！但是不管怎么说，它反映了一定的道理。我们现在还没有真正个人的律师事务所，但却并不等于最好的律师事务所的形式都是个人的。世界各国，像日本、欧洲大陆国家，特别有名的大律师事务所并不很多，但美国特别大的律师事务所，合伙人上百人，有一二百年历史的律师事务所很多，它本身的力量非常强大，而且它自身的凝聚力也是很强的。

我觉得律师的职业本身很容易受到名和利的影响。我坦率地说，我作为教授很珍惜自己的名誉，我要来讲这堂课，我确实花了不知多少个小时来翻一些材料，没有人督促着我，我只力求一条，力求我的讲课能被大家所接受、所欢迎，别最后说听了这堂课，白浪费了两个多小时。我想我们作为律师自发的、不需要别人来督促，都应该力求自己所做的能达到真、善、美这样的境界。那么，人力求完善自己事业的这种心情，往往又和自己事业心的强和弱，自己名和利上的追逐是联系在一起的，一个人事业心不强、名利心不强往往可能会无所追求。一个人如果事业心很强，我碰到过很多这样的律师，白天、晚上都一心扑在工作上，他往往也就有比较强的名和利的观念。不过在名和利这一点上，往往又是引起一个律师事务所里合伙人之间也好，和其他人之间也好冲突的主要爆发点。国际和国内发展的趋势，必然要使我们律师事务所的规模越来越大，而规模既然越来越大，光靠几个合伙人是不能适应形势的，必然要有大型合伙律师事务所，而大型所又必然要有合伙人之间很好的合作。我们现在很多人具有很强的律师素质，但却缺少管理素质，更多缺乏的是合作素质。我想有更高的合作素质很重要。

第七个问题：从罗马法的“利益风险一致原则”所想起的

这个原则很重要，也就是说利益越大风险就越大，反过来风险越大利益也就越大。如果投资比借贷利益更大的话，那么投资比借贷风险就大。如果赌彩票的利益比投资的利益更大的话，那么买彩票的风险显然就比投资的风险更大。西方有这么一句话：“股票市场造就的是百万富翁，房地产市场造就的是千万富翁，而期货市场造就的是亿万富翁。”可见期货市场里面的风险最大，它利益也就最大。我们可以从英国金融机构巴林银行的倒闭、日本大和银行期货风险中得出这个结论。泰森和霍利菲尔德比赛拳击时，大概90%的人认为泰森能赢，都买了他赢的，结果却输了，谁要是买了那10%的霍利菲尔德的赌注就赢了一笔。所以我想这个原则十分重要。也可以把它理解为、概括为一种代价，有多大的代价就有多大的利益，或有多大的风险，就有多大的责任。

最近看了一篇东西很受启发，就是世界一些著名的经济学家，包括诺贝尔奖获得者，把他们高深的经济理论往往用一句通俗的话来概括，这是很了不起的。比如说凯恩斯说过两句话，一句话是“从长期看来我们都要死的”，这句话看似废话，他解释说研究经济学的人不能说“从长期看来我们经济是会好的”“从长期看来我们国家是会富裕的”，这种话是白说，道理同“从长期看来我们都是要死的”一样。研究经济的人就要从短期来看，当前你能解决什么问题。如果一个人说“中国从长期来看一定会现代化的”，那是废话，需要的是你现在该解决什么问题，又该做些什么。所以这句话说得很深刻。他的第二句名言是“观念可以改变历史的轨迹”。另外一位著名的教授克莱恩被问到“你的经济学观点是什么”时，他说“一只看不见的手”，市场经济是一只看不见的手。耶鲁大学得了诺贝尔奖奖金的托宾教授这样概括他的经济学观点：“不能把所有的鸡蛋放入一个篮子里”，即风险不能集中。得过诺贝尔奖奖金的休尔斯教授是这么说的："我无非是论证了'把钱投入于人身上比投入于机器身上更有效率'。"有一位被人们称为"诺贝尔中的诺贝尔"的弗里德曼教授说："我的经济学理论用一句话表述——天下哪有白吃的午餐?"他解释说，现在有些人希望坐地铁很便宜、医疗保险能够很好，退休金又可以很高，但不想付很高的税。天下哪有白吃的午餐呢？你总是要付出代价的。我想我们也有这样的情况，希望不通货膨胀，又希望没有失业，又希望金融环境很宽松，有人希望拿资本主义的工资干社会主义的活儿，哪有这么好的事？工资拿得那么高，上班又能打牌，这可能吗？所以这句话说得很有意思，世界上没有白吃的午餐，都要付出一些代价。你付出多少价值和可能得到相应的东西。实际上这就说明了"鱼与熊掌不能兼得"的道理。对于我们来说这无非是三个"一致"：权利和义务的一致；利益和风险的一致；代价和责任的一致。对方付给你多大代价，你就应当承担多大责任。罗马法中规定，如果我作为保管人保管你的东西，到底要我承担多大的责任就要看我的代价大小。比如你放了一件皮大衣存在我家，如是无报酬的，那我只负保管自己衣服同等注意的义务。你的皮大衣烂了，我的皮大衣同样情况也会烂掉，那么对不住，我也不赔你了，谁叫我是"马大哈"呢，没注意皮衣的保管；可要是我收了你的钱，替你保管皮大衣，即使我的皮大衣也烂了，我也得赔你的大衣，因为我收了你的钱，就具有了一个善良管理人的义务，就必须有一个专业经营这项业务的人应有的注意，要尽到更大的责任。所以这种代价和责任是应该一致的。对于我们律师来说，这一点也非常重要。

1984年我们随司法部代表团到欧洲去考察，到德国，当时我们了解到一个现象很奇怪，德国规定律师收费低了不行，如果低了的话就是不正当竞争。但收高了可以，收高了，人家不愿意找可以找别人去嘛！你收费20个小时，别人那儿收15个小时了，他又不错，那我当然可以找收费低的。所以在市场经济下，不在于费用的高低，而在于对于高收费的，你是不是负担了相应的责任，或者你尽到了相应的义务，或者你承担了相应的风险。所以我认为，律师要建立义务、风险和责任的制度。高报酬要有高义务，高报酬要有高风险，高报酬要有高责任。所谓义务就是你服务的内容要具体化，我们现在不是讲承诺吗？所谓“承诺”也就是义务的具体化。风险就是要赔偿，由于律师的过错给当事人造成损失，应该有赔偿的制度。所谓责任就是无限责任，合伙本身是无限责任，你应该承担的是这样一个责任。现在很多美国律师事务所已经把无限责任有限化了。所谓无限责任有限化，有的是变成有限公司了，现在已经出现一些了，也有些实际上是通过保险的办法，解决了这个问题。我想在这个问题上，我们要靠律师自己的信誉和服务的质量来吸引客户。最近我们在评律师职称的时候，我们感觉到律师职称评定和我们学校的教授职称评定有着很大的不同。大概律师不太注意职称的评定吧。律师评级让世界各国的内行听了很奇怪，说你们中国怎么还有评级呀？还要评什么教授级的。我想这个道理非常重要。你哪怕没有评任何级，你被社会所承认，你的信誉和服务质量被社会所承认，人们都愿意来找你当律师，你不是一级也一级了。如果你评了一级，你没有那么大的本事，评上了还没人来找你，吃也吃不饱，服务质量不够高，管什么用呢？所以，我想我们不要过多地看重职称，要的是名誉和服务质量。一个人，一个所，一个企业，其声誉是靠长期的服务实践形成的。我们认同一个老字号，一个老企业、一个名医、一个名教授，也是靠长期的优质服务得到的信誉。对于我们律师来说，这一点非常重要。绝不能够只靠一件案子成名。律师不能和作家相比，如果一个作家写了一本小说，以后再也没有了，至少他还写出了一本有名的小说吧。如果一个律师办了一件有名的案件，你有名了，但是，其他的一些案件，你搞的都很不符合质量，那么，实际上你的名声也不会存在。我知道一些律师，曾经名噪一时，但现在也不怎么样了。我看重要的就在于能不能够持久地以自己的服务来保持信誉。

第八个问题：从美国前总统卡特的一句话想到的

我们知道卡特曾经说过一句话，这句话几乎被每一本论述美国律师制度的书所采用。他说："我们拥有世界上最多的律师，但不能说我们拥有的正义最多。"这话出自一个美国总统之口，应该说敢于揭露自己的不足吧。我想，美国人自己都承认，律师多并不表示正义和公平就多。这句话对我们也有很大的启发。前车之覆，后车之鉴。我们是不是将来有越来越多的律师，随之而来的就是有越来越多的社会的公平和正义呢？我们的律师制度，如果从1978年、1979年恢复时算起，也还不到20年的历史，比美国的200多年少多了。更不用说有些国家更早了。那么，美国为何对于律师有这样的一些不好的评价呢？主要是它的收费昂贵，贪婪近利，缺乏诚实，人多为患，自私自利，不为当事人着想。我想，这一点值得我们深思。律师本身，并不在有多高的学位，并不是说博士或者硕士学位，一定是律师追求的目标。我们最近有一次到澳大利亚开会，澳大利亚人说他们那儿没多少人考博士。为什么呢？他说，要当律师的话，必须是本科毕业。如果你拿到了个博士学位，拿到了个硕士学位，没有经过律师本科毕业，你也必须回过头来重新学习法律本科，才能当律师。也就是说作为律师要求他是一个法律的通才，各方面的法律知识都应该学到，而并不是像博士那样，在某一个问题上非常精。博士，不是博学多识，而是精识，你在某个问题上有非常独到的见解，写出一本30万—40万字的书来，这是你的精辟之见。

所以，对于律师来说，无非是从两个质上看，一个是素质，一个是气质。我所讲的素质是多一点哲人的素质，哲人是什么概念呢？哲人就是智者，凭智慧来启迪人，而不是法律贩子，靠倒卖法律知识，靠一点点的法律技巧来赚钱，这一点我觉得非常重要。你是点拨人家，而不是靠着他的愚昧，靠着他的法盲来赚钱。如果我们是靠众多的法盲，突出我们的法律知识和法律技巧来赚钱，这一点不符合我们承担的社会义务。你在尽到法律服务的时候，要给人更多的法律知识。哲人的特点就是忧国忧民，以天下为己任，眼光远大，而不是为了一些蝇头小利，不顾人格趋炎附势；哲人的特点就是要正当地、堂堂正正地做人，不搞尔虞我诈的小动作。我希望我们的律师要保持一个智者的素质。

气质是什么概念呢？对于律师来说，就是要做学者型的律师。我并不是说学者怎么样，请大家不要误解。我所说的学者的气质，讲的是要有严谨的学风，要有严谨的法律知识和作风，而不是一知半解，信口开河，夸夸其谈，不懂装懂。我觉得学者型的律师，更是指要有不断的学习精神。法律知识更新非常快，甚至我可以说比自然科学的要快得多，有许多领域我们现在都不了解，比如说期货、票据等，我们有多少人懂得很多呢？连教授、老师都有这个感觉，我们现在法律发展之快，学都学不过来。所以，律师应该有一种真正的紧迫感和危机感。

我遇到过不少的律师，常常讲到这种危机感，觉得自己的外语不行，搞一些国际项目怎么办？好多东西不知道，新的知识没有学到，新的法律出来了还没有机会学。我想，这样的一些人，是真正体会了律师的这种危机、紧迫的感觉。去年，我在哥伦比亚大学开会遇到君合律师事务所的肖微（他是全国十佳律师），他已经去了一年了，这一年他要修六七门课的学分，还要写一篇英文论文，而且在那次会上他要用英文来讲演。他已经取得了这样的成就，还仍然感觉到自己的不足，还希望能够学到更多的东西，这种精神我觉得是真正的敬业精神。但是，我们的律师里面也有一些人，安于现状。有一些人说我忙到现在甭说读书，连看报的时间都没有。我想，如果我们作为律师，连报纸都不看，连书也不读，用不了多久，就要被淘汰。有些人满足于现有的客户，满足于现有的这点知识，就像当年说的三十亩地一头牛，按现在的话说就是三室二厅一辆车。在激烈竞争的今天，我们应该有紧迫感。我们现在的律师，占据比较优势的地位，因为在我们国家恢复了律师制度之后，你们是先来者。其中有一些 1978 年、1979 年、1980 年毕业的，现在可能都是佼佼者。我常常对我们现在入学的同学讲，我们现在是后来者，有劣势。现在你们如果挤入律师行业里面，好多的地位已被人占据得牢牢的了。但是，又怎么不能够设想后来者居上呢？历史上，后来者居上也是一条规律啊！俄罗斯有句格言我很赞赏，就是谁笑到最后，谁笑得最好。我想，在我们竞争的过程中，现在你笑得好，恐怕还不是笑得最好的人。能够成为最后笑得好的人，你需要有更多的知识、经验，还要不断在其他方面完善自己。

在我们学校1979届的学生十年返校的时候，他们让我说几句话，我当时说了这么一段话，我自己认为还是有必要献给我们在座的北京律师：

> 如果我们今天要论英雄的话，我说莫以官高论英雄，莫以钱多论英雄。现在在世界上，在我们的社会里面，一个钱，一个官，这可能是最迷人的。在历史赋予我们使命的今天，我们能不能够对得起社会赋予我们的使命和责任，在我们的民主与法制建设上，我们律师看到了什么样的责任，我们自己做人是不是做得好，以这个论我们的英雄。

（原载《中国律师》1997年第8—10期，
系江平教授应北京律师协会之邀在北京
律师所做的一个演讲报告）

为权利而斗争的中国律师

——漫谈律师形象与使命

非常高兴有机会跟天津的律师谈谈律师形象与使命这个话题。我是以一名教授的身份与大家漫谈。北京的律师让我讲的时候，我是抱着诚惶诚恐的心情，但是最后还是经受不住诱惑，因为这个题目实在是太有意思了。第一次报告后全国的部分报刊予以了刊载，如果再讲会觉得索然无味，所以这一次来天津我把第一次的内容全部推翻，除了个别材料用一用，以表示我对天津律师的尊重。我本人虽然有律师资格，但是我主要不是做律师，而是搞教学工作包括一些疑难案件的法律咨询。而今天的报告又不能做成一个生硬说教式的报告，所以我想的题目是“漫谈律师形象与使命”，我从五个方面来谈一谈。

第一方面：律师职业的两重性

为什么首先从这个地方切题插入呢？每个人从事一个职业时，必须首先了解所从事职业的特征。律师必须了解自己的职业特征，只有了解了职业特征才能从理性上把握好，如果连从事这项职业的特征都掌握不好，那从事这个职业就是盲目的、感性的。律师作为高级智力工作者，必须有一个高度的理性认识，有一个从感性到理性的认识。怎样从理性上做好这个工作，讲到这我想起上次在北京的讲座，我记得我以两个例子来插入。一个是外国律师升入天堂的例子，圣·彼得掌管教堂升入天堂的大门，神父、医生、教师进入天堂都很顺利，那么律师进入天堂就物以稀为贵。我想这是美国人讽刺律师的形象，律师在美国的形象不太好，或者对于律师的总体形象不太好。去年3月到梵蒂冈，进入圣彼得大教堂门口有一个很大雕像，是一位神职人员拿了一把钥匙，我就问意大利朋友，这是什么人，他说这就是著名的圣·彼得——耶稣的大弟子，手中拿的钥匙就是开启升入天堂大门的钥匙。所以对于圣·彼得这个人来说，他管着人死后谁能进入天堂，耶稣全权授权给他，由他来掌握谁有资格进入天堂的大门。引用的另外一个例子，就是马来西亚总理马哈蒂尔曾经说过的一句话，治国最好的人是医生，而不是律师，因为医生首先能够了解病情，病症摆出来，然后寻找解决治好病的方法。而律师是为人服务的，所以拿了人的钱，总要为人去论证，哪怕他有了罪也要论证他无罪。当然我举这个例子是说明律师和医生不同的地方，今天我想从医生和律师共同的地方及结合律师职业的两重性来做一个深入的分析或者说做一个探讨。

如果你要问外国人，律师和医生有什么一样的地方，美国人就会回答你，律师和医生在美国都是收入最高的职业、是人们羡慕的两个职业。如果你要问欧洲人，律师和医生有什么一样的地方，欧洲人会回答你，律师和医生都是最古老的两个职业。最早的欧洲大学里，除了神学院以外，设立的就是法学和医学，应该说这是很古老的两门学科。所以到现在欧洲人学法律和学医学都要学拉丁文。我在莫斯科大学学习五年，还学了些拉丁文。为什么学法律的必须学拉丁文，因为欧洲大陆国家的法学渊源是从罗马法来的，罗马法是拉丁文。医生开药方要用拉丁文，法国人德国人看了这药方都认得，也都知道。如果从他们之间的方法论来看也有点类似，我们知道，学法律、做律师的人很多都要从判例来研究法律。通过某一个具体的判例，英美是判例法国家，大陆法系国家也要研究判例，也要从判例来研究法律的道理，我们律师也是经常要研究判例。而医生是要研究每一个病例，某一个具体的病案，这个病治愈成功在哪里，失败在哪里，开的药方对还是不对。如果从职业的宗旨看，我觉得也有一个共同的东西，我们知道医生是救死扶伤，那么律师应该说是救弱扶贫，对于弱小的需要法律帮助的人给予援助。在这个意义上说，把他叫作救死扶伤也好，把他叫作救贫扶弱也罢，这个贫和弱是指在法律知识方面的贫弱，当然在某种意义上也可能包括在经济力量方面的贫和弱。从世界各国来说，还把医生和律师做了另外一个比喻，就是这两个都是涉及人命关天的职业，医生可以把人从死亡的边缘里面救出来，律师可以把一个人从死亡的边缘拉出来，从这个意义上来说他涉及一个人的生命、健康、幸福，我想这样的一个比喻，也可以说明，律师和医生之间的这样一个共同点。

而我所要讲的，是律师和医生都有一个职业的双重性问题。什么叫职业的双重性，就是他们从事的职业本身具有都为社会服务为公众服务的一个方面，但是另外一方面，他们又都有一个为自己工作，为自己执业收入的特点。从医生私人角度来说，他希望病人越多越好，而且希望病人病情越重越好，病情越重到他那去看病，收入就越高。但是从他的社会职责、社会公德来说，他恰恰是把人的病治好，病人是越少越好，大家都健康，没一个人生病，是他的工作目的，是他的社会职责，他的良心所在，这是一个巨大的矛盾啊。

作为律师来说有没有这个问题呢？我想作为律师也有这个矛盾，从社会公德来看，我们希望法律越健全越完善越严谨越好，法律越完善，纠纷就少多了，法制健全了，法制极端完善了，到那个时候不能说一个官司没有了，终究会少了，那么对律师来说，相对失业了，或者说相对需要的人比较少了，所以从这个意义说，律师的律德、法德，不能希望有更多的顾客咨询而去做违反自己的法律良心、道德良心的事情。我们不能为了从事法律咨询服务，有人来咨询怎么能够杀了人而不被侦破，我们的律师就告诉他侦查方法及如何躲避而不被侦破。我们总不能够去告诉当事人怎么能够赚大钱又能够避税，我们总不能教唆他登记一个注册公司而实际上一分钱都不用交出来。但是这个问题有没有呢？律师界里有没有这种情况呢？我很难说绝对没有。当然我相信教人用什么方法去杀人的大概可以保证没有，但是告诉当事人如何逃避税收，注册登记时可以不缴纳注册资本不是完全没有吧！古代有位著名的哲学家叫韩非子，他说卖药的人总希望人多生病，卖棺材的人总希望人多死。我看也是这个意思。但是卖药的人希望人得病，卖棺材的人希望人多死，他们是商人啊！商人当然是要追求利益，医生和卖药的，在这点上来说有本质的不同，卖药的人他是一个商人，而医生本身并不是商人。我们要看到律师不是商人，特别强调律师职业的非商业化的性质。虽然我们在市场经济里面要具有商业的头脑，我们不反对律师要有商业的头脑，市场经济里任何一个人包括医生、律师没有商业头脑，那是一个糊涂人，但是绝对不能纯商业化了，纯粹以营利为目的。

1875 年，在美国律师协会第一次会议上美国的一位著名的律师吉尔顿有一句名言，他说：

先生们，毋庸置疑，我们中间的任何一个人，都不可能看不到这样的一个事实，即在本世纪的最后的 25 年里，我们律师的地位、培训、教育和道德都存在着严重的衰落趋向，该协会所要做的第一件工作，就是把律师职业提高到更高、更好的水准。如果律师事务所仅仅变成了一种挣钱的方法，一种尽可能方便而又甘冒任何风险的挣钱方法，那么律师就堕落了。如果律师事务所仅仅是一个试图打赢官司，并且通过向司法机关走后门而打赢官司的机构，那么这一机构不仅堕落而且腐败了。

听了这句话之后，我感到很震动，我想这里面他指出了几个问题。

第一，律师道德衰落的趋向就是一味商业化，一味追求挣钱，挣钱是唯一的目的。我想我们在市场经济下，绝不能把挣钱和人格，作为两个对立的东西。但是它们又有对立的一面，挣钱越多，人格和道德的东西就衰落了，那么甚至钱越多，友谊就越少了。在北京有的律师办的律师事务所，开始的时候合作得很好，大家志同道合，钱一多了就散伙了，就分手了。我就赠他们一句话：我说你们只可以共患难不可以共安乐，患难的时候大家努力干，钱多了，你分多，我分少，吵得不可开交，最后散伙。我想这个问题应该从美国一位律师的讲话里面就已经提出来了，这个问题就是说现在的道德存在着严重的衰落趋向，就是他把律师事务所变成了一种单纯的挣钱的方法，自己变成了商人，把医生等同于一个卖药的。

第二，他这一段话里有一个很重要的内容，就是律师事务所变成了一种挣钱的方法，一种尽可能方便而又甘冒任何风险的挣钱方法。律师的挣钱方法是方便一些，不需要投多少资，要办一个公司还要最低注册资本。那么律师事务所现在还有点电脑什么，过去叫律师间、律师楼，律师间就一间房子、一个电话。律师凭的是脑袋里面的知识，凭的是自己的经验在办案。甚至租个房子，自己有个房子，用很少的钱，就能够办起一个律师事务所。但如果甘冒任何风险那就是不择手段了，所以第二个危险就是作为律师来说甘冒了亵渎法律的危险，说轻一点可能是甘冒规避法律的危险，从我们民法来说规避法律还不算了不得的事，但是你要亵渎了法律，甚至本身就违反了法律，那这个问题就复杂了。

第三，金钱为上。如果仅仅是为了金钱而不择手段，那么他就是堕落，这就是刚才我讲的职业的两重矛盾问题，司机为了多赚钱，可以故意载客多绕路，律师也可以为了多赚钱在法律上多绕路。我曾说过律师有一个服务之道，有一个治国之道。服务之道是如何为当事人来服务，他给我钱，我给他服务，单纯的金钱服务关系。治国之道是用法律来维护社会的尊严，来维护社会的正义公平，那么，我们把为自己的当事人服务好视为是必要的，但如果把这个凌驾在我们为社会所尽的义务之上，那就是错误的。

第四，为了打赢官司，向司法机关走后门，这样一来就不仅堕落而且腐败了。我想这句话在今天听起来也应该说是非常亲切的，非常现实的，具有警钟的作用。法院经常爱谈这个问题，说法院的腐败是律师引导的，律师勾引我们的。一些律师说，我现在真是麻烦，天天得应酬法院的或者其他的一些人，我都腻了，都烦了，可是中国的现状，不请客，不招待，不上卡拉 OK 或去歌舞厅就办不成事。到底是谁勾引谁啊！我只能说律师为什么要找他呢，法院中有权啊，裁判权、审判权、司法权，律师手中有什么东西啊，律师没权，但是有钱，律师不拿自己的钱，是当事人的钱。我想现在的钱权交易在司法界里面，也无非是律师用当事人的钱来和法官手中的也不是法官自己的权，而是国家的审判权来做交易。钱权交易在其他的场合里面，如在工商局、税务局可能是另外一种形式。司法界现在最危险的是这个问题。现在中政委决定对国家司法机关腐败现象采取严厉的措施。我看今天该提醒我们注意这个问题了。

近些年来，全国人大会议在审议最高人民法院和最高人民检察院的工作报告时，投票中的反对票、弃权票数量不小，而且年年增多，反映了人们对司法腐败的不满，如果真的到了工作报告通不过时，该怎么办呢？这在现今法律中都未有规定。十年来一直在制定监督法，最早监督法草案里面写的是如果要是哪一个部门所做报告在人大的会议上通不过负责人就应该辞职，但是也有人主张再给他一次机会，第二次再做一次，第二次还通不过的话，该辞职了。我想一次通不过还有什么脸皮在那啊！我想人民对于法院和检察院的不满，说透了就是腐败问题。我们律师在里面起到多少作用呢，这个板子打到哪，有多少要打到律师的身上呢，当然律师很难说他有什么，他顶多是行贿，律师本身没有贪污，律师是自由职业者并不是利用国家权力，当然没有这个问题。但是在这里面我们到底起了什么样的作用。我曾经开玩笑地说过，世界各国没有听说过枪毙一个法官的事，这恐怕从来没有过的。美国、英国历史上有因法官贪赃枉法把法官枪毙的吗？恐怕没有吧！法官的形象不允许人枪毙，没枪毙之前最好把他先换了。我说中国可能要创造世界上的奇迹，枪毙几个法官，判处法官死刑了，可能世界上要为之震动了，中国腐败已经腐败到法官了，法院都已经这样了，当然我谈到枪毙法官大家鼓掌，如果讲枪毙律师，就不知道大家鼓掌不鼓掌了，当然枪毙律师的可能性就小了，他的地位与法官不一样。

前些年，我去秘鲁参加一个会，在秘鲁的利玛开的拉丁美洲第九届罗马法大会，在那次会议上我对他们争论的一个问题非常感兴趣。争论什么问题呢？争论罗马法里面的保民官，我看他们争论得很激烈，就问一个懂英文的人，争论什么问题？他讲争论的是现在在拉丁美洲国家，怎么对待罗马法的保民官，这个官到底怎么样，起什么作用，现在还要不要。最近我读了商务印书馆出的一本书，叫《罗马帝国兴亡史》，从里面得到了一些关于保民官的信息。罗马在共和国时期的国家大概有三个官，第一个是执政官，相当于咱们的行政官员，执政人不多，第一执政、第二执政，执政相当于总理；第二个是裁判官也就是司法官，裁判官权力通过法院的判决行使；第三个是保民官。这个显然就跟我们古代不一样了，我们古代裁判官行政官是一回事，大概没这个保民官。这个保民官性质是什么，从《罗马帝国兴亡史》里面讲到罗马帝国的保民官，从各方面讲都跟执政官不一样，保民官的外貌谨慎、谦虚，为人是神圣不可侵犯的，他们掌握的权力主要是为了反对，他不像行政官做出各种决议，主要是为了反对而不是主动采取行动。按规定他们的责任是维护被压迫者的利益，赦免某些罪刑，在他们认为必要的时候，只需要一句话就可以停止政府的一切活动。保民官一共有十个人，有了保民官的存在就可以约束政府的权力，也可以限制法官权力的滥用。所以现在看起来，罗马国家也有权力制约的机制，这三权是行政权力、司法权力和保民官的权力。行政权力滥用了，保民官可以约束制衡，法官如果滥用了权力，保民官也可以保护公民。保民官是政府官员，政府设的保民官，那就意味着他说话算数的，他认为这样做侵犯了哪怕是奴隶的或者其他平民的权利，他也可以出来说话。

罗马法这种保民官的形象，保民官的这种职责，在我们现代社会是谁来行使呢，我对照了一下，我看更像咱们律师应该做的。律师的作用一个是对行政权力滥用的一种制衡，另外一个是通过承办刑事案件、民事案件和其他业务来体现，当然我们律师的人数不像罗马保民官那样只有十个人，另外我们也不是官，不是公职的官。所以后来我曾经问过他们，我说现在拉丁美洲国家有没有设立这种保民官的，他们说个别的地方似乎还保留着。由此我就想到我在苏联学习的时候，老一点的律师同志还记得 20 世纪 50 年代咱们的检察院学苏联的检察制度，其中就有一个叫一般监督，在座的知道不知道，什么叫一般监督？一般监督就是检察院可以管到一般的老百姓、任何一个人由于政府人员违反了法律而受到权利侵犯，一般监督是无所不包的监督，什么都管。但是可惜苏联检察院的一般监督没有很好搞起来，到维辛斯基当总检察长的时候，抓反对派，把反对斯大林的人都抓起来枪毙了，还什么保民啊。我们国家 1957 年以后也就不再搞一般监督了。那么一个国家总有这样的问题，公民的权利受到侵犯后，法人自然人的权利受到侵犯以后怎么办呢？所以我觉得从这个意义上来说，从我们国家来看，律师本身的作用，他的职责应该是具有这样一个社会的公职，这样一个使命存在。这是我讲的第一个问题。

第二方面：挑战权力

讲了律师职业的两重性的问题，私人的服务利益和为社会的法律公正利益。第二个问题，我想讲一讲挑战权力。为什么要讲挑战权力，我觉得律师的真正的全部的工作是挑战权力，这个权力包括了行政机关的权力和司法机关的权力。说的软一点就是制衡权力，用词尖锐一点就是挑战权力。因此对于律师的素质来说既然有这个使命，就有一个挑战权力的勇气，刚才我们讲了任何的一个社会里面都有一个权力制衡的问题，自然界里面有一个生态平衡，国家和社会也有一个平衡。我曾经在日本召开的国际法社会学大会上，做了一个主题发言，就是论国家与社会，我说社会主义国家从苏联起到现在80多年历史，总结起来一个很大的历史教训是，社会主义国家过分地强调国家的权力，而忽视了社会自身的作用，忽视了社会自身的自治的功能，似乎国家无所不包，无所不能，无所不干预，一切都靠国家来干预。企业没有自治，本来社会上的生产、分配、流通、消费完全是企业自己的事，现在国家把一切都管起来，本来社会很重要的是家庭的职能，现在把家庭生活、吃饭食堂都管起来。使得我们过分地强调了国家的权力，而忽视了社会自身的自治的功能，按照社会自己的规律来活动的职能，这个教训是很大的。

国家和社会也存在一个权力制衡的问题，西方国家的三权分立，那是他们的事，我们中国可以不采用但也用不着去批判。大家注意没有，我们过去批判三权分立，但是仍要承认权力的分工和制约是完全正确的，如果我们从国家的角度来看，国家仍然是有立法权、审判权、行政权、检察权的分工和制约，那么我们律师制度在国家、在社会所起的作用是什么？是给你一个饭碗给你一个职业，给你一个就业的机会呢，还是在社会中起到制衡的作用，这个力量的作用，就是你的社会价值，社会存在的价值。如果我们现在为了安排更多的人就业，来个十万个律师就业减少失业的压力，那只是个就业的观念。我们可以说，权力制衡是民主社会不可缺少的东西，它也是一个国家民主制度、法制建设是否完善的一个标志、尺度和试金石。律师这样一种制衡是通过一种民间的力量去制衡。我们现在的监督，光靠全国人大的监督、地方人大的监督、各级人大的监督不够，监督很重要的一个东西是要民间监督、舆论监督。作为一种民间的力量、社会的力量的监督，律师是不可缺少的一部分。所以世界各国都把律师包括律师的制度、律师职业看作是社会民主制度的捍卫者，我想这里所讲的民主制度的捍卫者，也就是指对于我们公民的权利被行政机关、司法机关侵犯了应该所起到的作用。每一个职业都有它的使命和存在价值，必须把自己放进这一个职业的范畴里面，确定了自己的社会的地位、社会的角色，才能够体现出它的价值。

100 年以前，美国有一个著名的律师叫作布赖斯爵士。他发现从职业整体来看，律师事务所的公共责任感和公共影响存在衰落趋向，他把这样一种趋向的原因，主要归结为律师事务所没有能力或者不愿意处理当时的政治和社会的问题。社会总有不少当时政治和社会敏感的问题，复杂的问题，老百姓要求急迫，需要解决的问题，也是律师最要解决的问题。律师是要在这方面真正地起一点社会的制约作用，能够起到一些制衡的作用，但是律师事务所恰恰最不愿意做的是这种事情，我们现在也有许多律师所最愿意干大公司的法律顾问，钱拿得多，矛盾也少，审查审查诉状，审查审查合同，审查审查投资。而对社会尖锐复杂的问题不愿意去干。布赖斯发现美国人比他们的英国同胞更保守，而且比他们自己的过去还要保守，比林肯做律师的那一代更保守，林肯那一代做律师的时候能够为奴隶的解放、黑人的自由而呼吁，最后被枪杀。那一代的律师的年代说起来是为了美国的黑人争取自由斗争的年代。

一个人受社会尊重的程度，主要是取决于他的职业在社会政治、经济生活中所起的作用，他能不能够解决人民群众迫切需要解决的问题，能不能对社会给予推动，作为社会进步的推动力。而不是在于你挣钱的多少，所以我常常说律师是一天到晚和人打交道的，和各个层次的人打交道的，包括罪犯，甚至死刑犯，律师应该是更了解人民的脉搏，人民的需求的。

布赖斯接着说，英国律师在寻求法律改革方面起着主导作用，而美国律师却没有起到这样的作用。这是 100 多年以前的这位美国律师自己在批评自己的形象，在反省自己的时候说的话。我常常想一个人的进步在于能够时刻反省自己，知道自己有哪些不足，有哪些缺陷，有哪些需要改进。一个职业的进步也在于要不断反省自己，律师职业的完善一定要不断地反省自己，不仅要看自己取得了哪些成绩，还要看有哪些不足，哪些需要做的。我想100多年前美国律师自己批评自己的时候，无非就是一句话，就是律师越来越失去他的历史的和社会的使命感，变成了只是关心自己利益的集团了。

20年以后，又一位美国的著名律师叫作路易斯·布兰特斯进一步发挥了布赖斯的观点。他说：实际情况是目前律师没有取得他在75年前或者50年前已经获得的具有人格的地位，其原因并不是缺乏机遇，也不是没有机会，而是由于有才能的律师没有获取财富和人格之间的独立地位，并且为了制约两者任何一方面的不平衡，因而在更大程度上他们允许自己变成了大财团的附庸，即金钱的附庸，忽略了自己利用权力来保护人民的义务。

为什么要引用这一段话，我是觉得一个资本主义国家的律师在指出问题时还一再提到人民律师、人民利益、保护人民义务，而且他提出了一个很重要的东西，就是律师怎么样获取财富和人格之间的独立地位。我想财富和人格就是我刚才讲的双重矛盾，这就是律师职业自身存在的两个矛盾。今天摆在我们大部分律师面前的不是生存基础的财富，当然少部分律师还在为了争取温饱而斗争，甚至有的还在为了争取生存而斗争。我想我们作为一个一般的律师，我们的财富的问题，已经没有什么太大的问题，但是财富的问题跟人格的问题，这两个问题如何取得平衡，如何摆正二者之间关系，这个很重要。

我请大家注意财团律师和人民律师是什么概念，财团律师准确说来就是公司律师，公司律师在我们今天就是给企业当法律顾问。当然我们现在跟他们不一样，他那个公司是私人企业的、私人财团的，我们企业不尽如此。我不是从这个角度来说为谁服务，为国有企业为私人企业法律服务都一样，都没有不光彩的地方，而是说对做咨询服务工作和出庭工作这二者应有一个正确的认识。我们知道英国的律师制度是把这两种律师分开的，出庭的律师过去译成大律师，只有他才能出庭，只有他才能为当事人在诉讼中辩护；另外一种非出庭的小律师，这一部分人无非是给公司企业做法律设计、审查等工作。最近我听到一些律师的反映，现在有很多律师都不愿做出庭工作了，觉得出庭太难，要找法院又要找关系，太麻烦，而且有的刑事案件才那么一点钱更不愿意干了。我还听到的反馈信息，办刑事案件太危险了，还可能被抓起来，如果要是一般的刑事案件还不容易被抓起来，要是介入到侦查程序，危险更大就更不愿意干了。打诉讼官司要打经济案件，经济案件要打标的金额高的，一般的民事案件，离婚案件不愿意打，刑事案件除非是死刑保一条命多少钱愿意打。这样一来有名的律师有才能的律师都愿意去干非讼案件了，我不是说非讼案件不好，我们的公司也需要很多法律顾问做金融的、做外贸的、做项目设计的、做股份制改组的。但是这种倾向不好，这种倾向在美国人说来就是乐意为大公司大财团来服务而不愿意为老百姓的利益服务。按他们概括就是这句话，都愿意做财团律师，不愿意做人民律师，所以我想在这一点上我们应该摆好这个关系。

如何来看待律师这一职业和律师事务所这一职业组织呢？美国的这位布兰特斯律师是这么说的，他说如果没有同时搞清法律职业自身以及职业组织的性质，那么就不可能解决公众利益问题，他用三种标准来看待一个职业。首先，“职业是指相称的知识者有预先必要的训练，它不同于纯粹技术的知识和一定程序的学问”。我们现在的律师队伍里面绝大部分都是经专门的职业知识和技能的训练的，其他没有经过专门训练也经过多年的实践早已熟悉法律业务；其次，“职业主要是为他人而不是为个人从事这一活动”，这就是我讲的职业是一个社会职能，职业是一个社会分工，职业不是一个人的饭碗的问题，职业是一个社会存在的需要，我想这一点他提得比较深刻。我曾经说过，一个职业的形象是由从事这个职业的每一个人的形象逐渐加起来而形成的。现在我听说一些民间机构做过职业形象的调查，据说第一个形象好的是科学家，第二个是教授，我觉得多做一些这样的民意调查有好处。一个职业的形象是由每一个从事这一职业的人加起来形成的，如果每个从事这一职业的人不注意自己的形象，那么这个职业的形象就坏了，如果这个职业的形象坏了，那么从事这一职业还有什么光荣感呢！第三个呢，他说“职业金钱报酬的数额不是执业者成功的既定标准”，职业当然要有金钱收入报酬，谁也不是不食人间烟火，律师要靠服务收费生活，养活家，这是无可非议。但是职业不以你收入的报酬作为你成功的既定标准，不能说赚钱多了就是成功的律师，收入越高就越成功，所以我们有一些收入不高，但对社会贡献大的律师，尽可以不必为自己是否成功而羡慕那些收入很高的。我在政法大学第一届毕业生十年返校的时候，讲到我们第一届的毕业生毕业十年了，现在变化很大了，本来在学校都是一样的，现在官有的升得很高了，有的律师钱赚得很多了，我奉劝你们一句话，三国时期曹操和刘备青梅煮酒论英雄，曹操说：天下的英雄唯使君与操耳，我们两人是英雄别的都不是英雄。那么我们当今在律师或者在其他行业里面，以什么来论英雄呢？我说我只奉劝你们两句话，不以钱多论英雄，不以官高论英雄。

400 年前，英国有一位著名的哲学家培根，做过英国的大法官，也做过总检察长，又是哲学家、思想家，他说的一句话是世界许多法官学习法律时必须懂得的，也叫作至理名言，他说："一次不公正的裁判其恶果甚至超过十次犯罪，因为犯罪是无视法律，好比污染了水流，而不公正的裁判则毁坏法律，好比污染了水源。"这对法官敲了警钟，当然大家听了觉得这是法官的事不是我律师的事，但是律师也涉及公正不公正的问题。我想，这段名言为什么出自一个法官之口，又是每一个法官都应当牢牢记住的箴言呢，我想他包含了三层意思：第一层意思，一个不公正的裁判也是一次犯罪，甚至于比犯罪还要厉害，犯罪是无视法律，法院的错判误判也是违反法律，从这个意义上来说一个不公正的裁判就是犯罪，它本身就破坏了法律；第二层意思，法官破坏法律的影响比一个罪犯破坏法律的影响要大得多，一个罪犯偷了一个东西，他的破坏法律只不过是他一个人，而法官的不公正裁判使得法律的整个理解和执行错误，他涉及法律的尊严，执法者的违法要罪加一等；第三层意思，法官是执法的最后一道屏障，是法律能否得到公正体现的最后的一道屏障，是法律尊严公正的最后的保护神，他如果破坏了法律，那么就会比一般人更危险。我很欣赏他用污染水流和污染水源来加以比喻，那么如果我们今天把培根的话再进一步来说，法官一个不公正的裁判而这个不公正的裁判是用他手中的裁判权来换取金钱，那就不是污染水源，而是在水源上放毒。人民对法律公正的希望寄存于法官公正裁判的形象，如果这个形象都腐败了，那么老百姓对法律就要失望了。因此律师能够挑战权力，第一要有挑战的勇气，第二要有真正的律师的独立地位，才能够挑战，如果依附于行政机关，依附于一个组织，完全依靠着他才能混这碗饭吃，那我看我们就不可能来挑战权力。

第三方面：为权利而斗争

第三个问题呢，我讲为权利而斗争，100 多年前德国有一位著名的法学家，叫作耶林，耶林写过一本小册子字数不多，但是这本书和他的名称影响之大在法学界都知道的，书的题目就是《为权利而斗争》。我觉得我们现在作为律师来说，要非常明确的一点就是坚定为权利而斗争这个概念。

首先我想跟律师说说权利与义务的关系。十几年以前民法通则起草的时候对第五章的名称发生了争论，现在的第五章的题目，写的是民事权利。但是当时就有人反对这样的提法，马克思不是讲了吗？权利和义务是一致的，为什么民法通则里面只写民事权利不写民事义务。所以有人主张把第五章的题目改为“民事权利与民事义务”。表面上听起来很有道理，权利义务都有嘛！买卖合同里面有民事权利又有民事义务，为什么你只写民事权利啊，但是最后第五章仍然用了“民事权利”。请大家不要小看这两个字，这说明我们民法体现的是现代法律的精神，这种精神就是民事权利就是权利本位。我们不能够以一种意识形态的眼光来认识，认为权利是索取，义务是奉献，认为如果我们多强调义务大家就可以多奉献一点，少要一点，如果你天天讲权利，讲人权，那不就天天老要自己的权利吗？天天去为权利而斗争去了，那国家就要麻烦了。我们应该承认，尤其我们搞市场经济以后，市场经济的利益在法律上就是权利，市场经济就是权利为本位，在市场经济下不管经济活动，不管政治活动，不管经济基础，不管上层领域都要重视人的权利——人权。我看，是不是重视人的权利，这是我们国家根本的一个问题。在各个领域，如果每一个人都了解了法律赋予他的权利和保护权利的手段，那就很重要了。权利的价值要比金钱的价值高得多。但是我也不赞成走到另一极端。

前不久，中国消费者报社给我打了个电话，他说让我就一个案子发表意见，就是福建有一个人到北京来出差，元旦在招待所打了一个电话，应该是 5 角 5 分，招待所给他算多了，算了 1 元 1 角，最后告到北京朝阳区法院。朝阳区法院判决只按 5 角 5 分来赔，就是按民法通则的不当得利返还，而不是按消费者权益保护法第四十九条双倍返还，但是另外赔了他五六百块钱作为路费等支出补偿，他不服告到中级法院，要求双倍返还赔1元1角，而不是5角5分。《中国消费者报》问我的时候，我说一个人为权利而斗争，不在于5角5分，这是对的，这是捍卫自己的权利，如果侵犯了我的名誉权，打5角5分的官司也值得。但是如果仅仅是争一个财产，为了5角5分从一审打到二审，咱们国家司法机关花了这么大的力量来解决这个问题，从审判机关的成本来说合适不合适，我给他提了这个问题。

所以为权利而斗争，并不在于权利本身的金钱价值是多少，在这个问题上，我们作为一个律师的使命来说，就是要为他人的权利而斗争。因为我们的当事人、委托我们的人不管是诉讼案件，或者非讼案件或者公司企业，这些人往往是最不了解自己在法律上享有哪些权利，那么你给他以法律援助，使他懂得自己有哪些权利，如何为自己的权利而斗争，如何行使保护自己权利的这种程序，这就是律师的任务。所以从我们作为律师来说，本身的任务就是为弱者、为当事人、为你的委托人的权利而进行斗争。

当然律师本身，也在为自己的权利而斗争，律师在实现为他人权利而斗争的同时，也在为自己的权利而斗争。我们现在律师的地位，应该说和法律所赋予他的社会职能、社会使命，还相差很多，比如说，律师的调查取证权，现在就受到很大的妨碍，更不用说在侦查阶段所涉及的一些问题。律师的职业完全纳入法制轨道而且比较完善，我觉得最大的问题是调查取证的权利。我给大家举个例子，我们现在企业的改制，需要解决现代企业的资本信用，那么一个企业要跟对方打交道，怎么能够了解对方的资本信用呢？到工商局去查只能查到注册资本多少，而且注册资本交足没交足也不知道。我们讲现代企业制度是一个资本企业而资本企业的基础是资本信用原则，那么你要和对方去订合同也好，去投资也好，首先要了解他的资信状况，如果现在公司要订合同让你到这家公司去取证，那么这家公司绝对要拒你于门外，你到我这里调查什么来，我是商业秘密，我这个东西一概不许让人知道，当然上市公司和不上市的公司，股份公司和有限公司不一样。我想这一点是我们国家现在法制建设里面一个很大的弱点。为权利斗争对于律师来说本身也应该包含着是为一种信仰而斗争，要把自己的职业当作一种执着的信念来追求。

最近看了《读书》杂志一篇文章很受启发，我们知道美国有一位匈牙利籍的著名投资家叫乔治·索罗斯，文章讲在股票市场上有两种人，一种人是单纯为了赚钱而买卖，另外一种人赚钱是为了证明自己的理论是优秀的，证明自己是聪明的，有一种自我实现的快乐。索罗斯就是后一种人，他投资有一套理论体系，很深奥，很抽象的，但是他就想证明他的理论正确。1979 年欧洲刚刚成立汇率稳定机制时，他看出了英国的英镑不稳定，当时他就提出英镑不稳定，但是英国人好面子，要维护汇率不能动，他看出了英镑的弱点，所以他就应用了这套理论来搞英镑，认为英镑必将走软，法郎和马克会增值。到最后证明他自己的理论正确，把英国政府打败了，英镑不得不贬值，他一下就赚了几十亿美元。这次索罗斯看出东南亚经济的脆弱有这个问题，他就要论证这个问题，实践自己的理论。不以赚钱为乐而是证明自己的信念、理想正确。大家都知道索罗斯是一个大的投资家、投机家，同时又是大慈善家，他拿出许多亿美元在苏联、东欧建立各种慈善教育和科研基金。他大量赚钱，又大量施舍，但是赚钱有一种快乐，这个快乐不是建立在自己财富多大而是建立在我这个投资的信念是准确的。我为什么讲这个呢？因为我想到律师也有这样两种：一种律师仅仅为了赚钱，另一种律师是为了实现自己的理念而赚钱，为了实现自己的信仰而赚钱。

我们律师最高的信念，或者说我们作为一个服务之道也好，作为一个治国之道也好，为权利而斗争这句话，我是非常欣赏的。一个律师如果真正实现了为权利而斗争，每个人都知道他的权利价值，而且作为律师能够为保卫他人的权利而尽心，他就实现了这个价值。

第四方面：法律的强大与软弱

第四个问题呢？我想讲法律又强大又软弱。我们搞了一辈子法律，我现在深深体会到，法律又强大又软弱。可能在座的人也会得出这个结论。法律应该是强大的，可实际上又是软弱的。

在欧洲的国家里面我们知道法和权利是一个字，几乎所有的大陆法系的国家从俄文，到德文，到法文，到西班牙文，到意大利文，为权利而斗争也可以翻译成为法而斗争或者为法律而斗争。市场经济很重要的一个东西是利用现代化的交易手段，有价证券就是现代交易手段，有价证券就是权利和书面凭证紧密结合在一起。世界上强大的武器之一是票据，现在世界上90%以上的国家结算都是用票据，汇票、支票、本票。可是我们在制订票据法和有关的法律时，大家深深感觉到这样的一些东西，既强大又软弱。有价证券完全要建立在信用基础上，我开了一张支票、开了张汇票，5000万、5亿到银行去，空头支票不给承兑、不给支付，再巨额的支票、本票、汇票也是废纸一张，所以有价证券它的强大的威力完全建立在它的信用基础上，没信用这个东西就是废纸一张。要不建立在人人都能接受的信用基础上是不行的。通过了一个法律之后我国都要执行，如果得不到执行，它本身没有必要的权威，法律也是空头支票，也是废纸一张。律师可能最懂得什么时候法律是强大的，什么时候法律是软弱的，那么对于律师来说他的任务应该是扬它的强——法律的权威，弃它的弱——法律的软弱，而不应该倒过来钻法律的空子，看到什么时候法律的弱利用起来，而把法律的强给抛弃掉。这对律师来说是非常重要的。

汉武帝死前十几年的时候，由于挥霍无度，国库空虚得很，一遇到天灾，就有很多很多的流民，先是乞讨后聚众抢劫，于是社会治安就很不好。汉武帝崇尚峻刑，凡是抓到了就斩首，可是最后还是解决不了，流民蜂拥而起，自立旗号，大的数千人，小的几百人，多得不可胜数。于是，汉武帝就派高级官员到外面督办，但还不能奏效。汉武帝就想出了最后一个厉害办法，制定了一部沉命法，规定凡是有盗贼而没有被发现或者发现了以后没有全部捕获的，从太守到小吏都要杀头。沉命法出来以后，各地治安状况马上就好转了，天下太平了。但实际上呢？盗贼活动照常，不仅照常，有的还更自在了。因为大小官吏觉得往上一报有盗贼，没杀掉盗贼的脑袋，自己的脑袋先没了。所以这个法一出来谁都不往上报有盗贼了。这么一部法律你说他威力大不大，但最后软到不能再软，所以我说这个法律很有意思。

北京前些年编了一部新编的京剧叫《画龙点睛》。这个新编京剧讲的是唐太宗李世民看到一幅画，画了一条没眼珠子的龙，他一看知道这是讽刺当今皇上有眼无珠，不了解下面情况，所以就决定微服私访。当他微服私访到一个县城的时候，县太爷不知道是唐太宗驾到，还是作威作福，李世民就问他当今的唐朝天下不是有王法吗？这个县太爷回答他八个字，就是：“王法管人，我管王法。”可见，王法也是又强大，又软弱，它要靠人去实施。严格实施了就强大，否则就软弱得很。

刚才讲的这两个例子与中国今天上有政策下有对策，上有法律下有对策不是差不多吗？你再严的法律我下面该怎么做就怎么做，谁还找不出法律的空子来，那这个法律不是又软弱了吗，那法律不就系于一人之手了吗！所以我说以史为鉴很重要，我们中国的长期封建历史人治大于法治，包括刚才讲的，我想都与此有关系，每个人都有他自己不能够跨越的历史鸿沟。我看了一篇文章讲中国离现代化有多远，里面讲了十条标准，比较国民收入是多少、多少人有一个医生、多少人订份报纸、多少人有一个大学生这都是有标准，可以量化的。那么我说中国现在离法制化有多远，我们先还不提离民主化有多远，到底有没有量化的东西，我们可以说社会科学本身就有一个不可能很精确、不可能很量化的一面。所以英国的著名哲学家罗素有一句话，他说所有的学说的一端是自然科学，另一端是神学，而在这两端中间的是社会科学。自然科学可以很精确，通过实验、通过数字算出来，神学是最模糊的，到底上帝在哪，那谁也证明不了，而在这两者之间的社会科学不是那么很容易通过实验把它量化、准确化。在我们国家的民主法制建设进程中，我们应该在将来达到一个什么目标，我们要实现四个现代化，我们实现物质生活的标准二十几年都很准确，但是谁也没提出来哪年我们要进入民主与法制社会。

请大家特别注意，就是作为一个律师来说应该重“学”而不仅仅重“术”，术是一种技能。春秋的时候有一家叫作刑名家，跟希腊的诡辩派一样，主要是能说会道能言善辩，说话辩论很厉害。我在给大学生辩论会讲辩论主张作为一种“术”，辩论不能成为职业家，这人是辩论家到哪我都去辩论。辩论构不成职业，辩论只是一种“术”，我们律师也有辩论术，走哪律师都要能言善道会辩论。但是春秋战国的刑名家以非为是，以是为非，是非无度，所以这个是非从辩证法来说是对的。但是从我们法律上来说法律是有度的，不能把法律一会儿说成这样了，一会儿说成那样了。我说法“术”的来源就是诡辩，诡辩就是一种“术”，单纯的“术”。我想法律本身的特点就是应该有一个度的感觉，法律不应该是无度的，不应是非无度。我们律师里面现在确实有一些人解释法律的条文时候，今天可以这么来说，明天可以那么来说，再加上我们现在法律也不很健全，或者司法解释立法解释有些地方还很欠缺，如何把我们所学的法律当作一种学，而不是当作一种“术”，这对于律师是很重要的。有时候我觉得一个人不学无术可能是一个笨蛋，但是不学有术，什么都没有光会术，可能有时候会成了坏蛋。所以我认为对于我们律师来说要有学有术，无学有术就是讼棍，就是绍兴师爷，那就不是律师了。

第五方面：力戒麻木与浮夸

最后一个问题，第五个问题我想讲一讲麻木和浮夸。我为什么最后要想到麻木和浮夸呢？我是这么思考问题的，开头我给你们讲一个人要知道自己的职业特性的两重性。最后呢，我认为大家都应该知道，自己所从事职业最容易产生职业病。作为律师来说哪些东西最容易产生职业病呢？

第一个是麻木，麻木症这个问题我深有感觉。在学校我这一辈子都是从事法学教育，改革开放以来也担任过法学教育的负责人，我跟同学说你们在学校慷慨激昂反对腐败，你们可以说反对这个反对那个，这个不满那个不满，可一当官之后，一当了法官之后比老法官还黑。学校学的时候赤子之心真是满腔热忱，但是一到了官场，一到了某些职业，他的赤子之心麻木了！我觉得我们现在学法律的人很大的一个危险就是缺少赤子之心，赤子，一个孩子的心最好，捡了一个东西马上拿起来给人，赤子之心这是很可贵的。

我们的律师应该说对于司法界黑暗腐败的问题是最先知道的。春江水暖鸭先知，司法腐败律师先知！那么法律的强大或者软弱，法律里面的各种问题应该说律师是最有亲身体会的，这是我们司法改革、我们法制建设动力的一个重要部分。因为你最先知道嘛，甜酸苦辣你体会得最深啊！但是我们有很多律师碰到这些东西忍气吞声，一句话不说，明哲保身，我不要求你们现在丢掉一切，冒了杀头的危险都去做捍卫法律的先锋，都做烈士，没这个意思。我看到一个消息，有人对蛤蟆做了一个实验，把一个蛤蟆扔到开水锅里，一扔这个蛤蟆就跳出来了，那水太烫了。但是你把这个蛤蟆放到冷水里面，慢慢加温，它舒舒服服就死了，一点都不动弹还是闭上眼睛、舒舒服服地死了。我想这就是我们对于习惯、对于周围的环境逐渐就习惯了，习以为常了，习以为常就是麻木了。这个问题对于我们来说很值得注意。

"生于忧患，死于安乐"，如果一个国家、一个民族老是在忧患中，它就有一个十足的动力老是要不断奋斗。一个人有些磨难，有些困苦他就要不断地奋进。如果都是在安乐的生活里面，小汽车有了房子也很好了，东西也很多了，很舒服了，生活很富裕了，就缺乏朝气了，就缺乏勇气了。我不是让你们人为地去过苦行僧的生活，但是如果过分安乐，而且是过分的精神上的安乐，满足安于现状，我看这个国家就危险了，这个民族也就危险了。

浮夸，有些人跟我讲，他说我找过某个律师，这个律师跟我说他法院的人都认得，这案子交给他没问题，这个也认得那个也认得。我们有些律师可能能耐不小，有的可能能耐还不太大，但是包打官司，跟当事人说起来的话，口气信心十足。这个现象有没有？我觉得值得注意。当然你可以说律师为了拉案源总要跟当事人说好一点，不能说我一点本事都没有，我法院一个人都不认得，那谁找你。律师就是靠自己的知识、机智来办事，你的知识，你的聪明、机灵非常能够敏感地抓住一些有利于当事人的东西。如果我们再不注意这一点，就最容易产生浮夸。浮夸的进一步就是产生虚假甚至欺骗。

我看了一篇文章非常受启发，他写的是1958年的浮夸风。他说毛泽东同志在视察徐水的时候，徐水当时浮夸把周围的粮食都堆成小山，亩产可以达到120万斤。毛泽东说你们这么多粮食吃不完怎么办呢？粮食多了少种点地吧，一天干半天活就行了；另外半天学文化、学科学、搞娱乐、办大学中学好吧！1958年毛泽东受浮夸欺骗到这种程度。

对于律师、法院、政府以及任何一个行业，现在仍然要警惕浮夸，尤其作为律师，贵在严谨、科学、老实。我奉劝律师几个字“严谨、科学、老实”。律师是严谨的工作，容不得半点虚假，半点浮夸，到法院打官司要严谨，要以事实为依据，法律为准绳。法律是哪一条，证据是哪些，要一个一个摆出来。辩论时要用哪个证据，哪个法律依据，不一条一条抠，行吗？必须要以真实作为基础。我们看到西方国家法院的象征有天平，天平大家都知道表示公平。有时我还看到一个标志，就是拇指加食指和中指。一问，知道这是证人做证宣誓的标志。一个证人如果宣誓后做假证的话，那就是跟我们中国古代盟誓后，还说假话一样，那要天打雷劈的，上帝要惩罚的。大家还看到国外法庭用一个锤子，我们古代是用惊堂木，外国用锤子敲，一敲案子就定了。在法庭上无非三个东西，一个是公平，一个是真实，第三是最后裁断。就像一个人进了教堂一样，进了教堂在忏悔时还撒谎，那心就怦怦跳了。

财政部和有关会计部门召集过一个专家座谈会，讨论会计事务所对出具假证要承担多大责任，这里没有讲律师，但是我们国有企业改组为股份制企业要有律师的证明。如果律师开具了虚假的东西，律师、律师事务所要承担什么责任。我想现在律师也要打假，不仅打假律师，还要打律师的假行为，律师的假话。我们民法讲在世界各国通行的八个字，世界各国称为民法中的“帝王”条款的是“诚实信用，公序良俗”，诚实信用现在还用，“公序”是指公共秩序，“良俗”是优良风俗，我们叫社会主义道德。我想这八个字是我们市场经济法律里面的根本东西。对律师工作来说，这几个字也是一个重要准则。

（根据江平教授 1998 年 3 月 28 日应邀参加天津“走向 21 世纪律师形象与使命”演讲系列所做的报告录音整理，原载《天津律师》1998 年第 3 期，于《中国律师》1998 年第 9—10 期转载）

律师是真正的先知

今天，我从四个方面来讲一讲在依法治国的蓝图中，律师如何从被动走向主动。

首先，讲一讲律师在依法治国中的地位。这个问题已经讲得很多了，但是在依法治国的形势下应该对其有新的认识。依法治国应该有三层含义：一是宪法中的依法治国，这是纲领性的；二是四中全会决议中的依法治国，我把它称作蓝图、路线图即走向依法治国的路线图；三是实现依法治国。从现在来看，要实现依法治国得需要很长的时间，不是一代人、两代人甚至三代人能够实现的。律师每天和政府、侦查机关、检察机关、审判机关打交道，所以最了解依法治国的情况，或者说律师是真正的先知，对于依法治国的水的深浅最了解，对于依法治国中的黑和白、暗和明也最了解，所谓“春江水暖鸭先知”。从这个角度来说，对于依法治国发展的好坏，律师是最先亲身体会的。我过去常讲律师兴则国家兴；现在应该说，并不是律师兴直接国家兴，而是律师兴则法治兴，法治兴则国家兴。同样，从另一方面看，一个国家法治兴了，律师才能兴，在这个意义上法治和律师是一种鱼水关系，律师是鱼，只有在依法治国的水里才能够畅快地游来游去。所以从这个角度来看，我们可以看到律师和法治的关系，比任何其他人都直接。因此，律师在依法治国中应该能起到更积极、更主动的作用。

第二个方面，从四中全会的决议中可以看到，将来我们律师将会分成三种：社会律师、公职律师、公司律师。虽然现在实际上已经有了这三种律师，但这三种律师对各自的角度、各自的作用还很不明晰，其中最发达的是社会律师。公司律师过去叫企业法律顾问，而企业法律顾问又归国资委管，企业法律顾问过去还有单独的考试。过去有人建议——我也建议过，公司的律师、企业的律师，也应当叫律师，不应该叫法律顾问，应该参加律师的统考，不应该单独搞一个企业法律顾问的考试。现在看起来，这一条肯定了，我们将来的公司律师也要和社会律师一样经过国家司法考试。这样一来，企业法律顾问的地位会越来越高，企业除有 CEO，还要有 CLO，CLO 实际上就是对企业法律顾问重要地位和作用的肯定。现在又提出了公职律师，公职律师应该说是政府的律师，按照现在的提法，我们现在的政府里除了有法制工作人员以及法制办这样一些机构外，还要建立一个专职律师队伍。公职律师将来的作用也将越来越明显，并可望成为政府依法决策、依法行政的重要的骨干力量。这样一来，我们就向国际化更迈进了一步——国际上也有这三种律师。显然，这三种律师为我们的律师的前途开辟了更广阔的前景。当然，现在的社会律师都不太愿意做政府律师、做公职律师，但将来有一部分案子不多，也没有特点和其他案源的律师，完全可以担任政府的律师。如果我们各级政府都设立了一个公职律师职位，这个量是相当大的，因为从中央到地方，我们各级政府对它的需求量是很大的。从这一点来说，公职律师为我们律师开辟了新的就业前景，其数量不可小觑。

第三个方面，我觉得从现在的反腐情况来看，大家都认为这一届党的领导在反腐上做出了努力，成绩是很大的。反腐和法治，可以得出这么一条结论，世界上任何国家，什么地方法治强盛，清廉指数就高；什么地方法治衰弱，腐败程度就会提高，这是一个绝对的证据。昨天我参加了一个会议，香港的律师用数字论证了法治和清廉、法治和腐败的关系。我想，这一条我们如果能够承认，我们就承认中国现在还存在严重的腐败问题，而在清廉问题上我们算得上是一个中等国家，够不上很清廉，也不是最腐败的，我们居于中流。在这个情况下，我们的前景还是很乐观的，但一定要加强一些反腐倡廉的措施。我所接触的律师里面，包括从报纸上，我还没有看到律师作为腐败分子被抓起来的，当然律师跟权力是没有关系的。但在查处法官的一些案子里却有律师的身影，尽管他们不是受贿者，但却可能成为行贿者。然而不管怎么说，律师在法治和反腐的问题上，处于一个很有利的地位。这个有利的地位就要求我们自身应该成为积极反腐倡廉的主力，来推动我们国家反腐的进程。就这一点我所了解的社会情况，在揭露社会上的一些腐败现象、揭露一些官员的腐败问题上，律师还是很主动的。

第四个方面，过去我们一直说律师职业有两种作用，一个是服务之道，一个是治国之道。服务之道是每一个律师必须做的，你要养家糊口，就要靠服务为生。但是不要忘了你这个职业本身就有治国之道，我们现在倡导的依法治国就是治国之道。如果从职业的角度来讲，律师更多的是一个被监督者。司法局、律协等部门负责对律师进行各种方式的监督，包括律师职守及其行为。但如果从治国之道的角度来讲，律师又应该是监督者。律师既然是学法律的，法律本身就有一个宏伟的职业目标，这个目标就是实现法治这个最高的理想。就此而言，律师身负不可推卸的责任，其中最根本一个任务就是监督法治的正常运行。从这一点上说，律师应更主动地为依法治国做贡献，这是一种使命。

从这几个方面粗略分析，我总体的感觉是，四中全会的意义对于我们律师主动性的要求更高了，律师所担负的社会责任更高了，律师有责任来监督我们国家法治的运行。

下面我再讲几个问题。

第一，如果用简单的语言来表述四中全会决议关于依法治国的内容，可概括为三个方面：一是立法，二是行政，三是司法。今天应松年教授主要谈法治中国与民主立法，我只谈一个问题，怎么理解民主立法。我参与过许多我们国家的立法活动，算起来大概有22年，从1985年到2007年，其中包括四个阶段：第一个阶段，从1985年到1988年，这三年时间里，我从做顾问到领导一个行政立法小组，后又参与了刑事诉讼法的制定；第二个阶段，从1988年到1993年，这期间，我参加了很多立法工作；第三个阶段，从1993年到1998年，这五年八届人大财经委员会立了十个法，虽然当时我已经不是人大代表了，但仍请我来参加了一些立法工作，包括信托法、证券法、企业法我都参与了；第四个阶段，从1998年到2007年，这个阶段我参与了一些民事立法，我们制定了民法典中的合同法、物权法，尤其是物权法我们花了很多时间。当时反复强调的一句话就是，立法一定要“三结合”，就是立法机关、实践机关、各级法院和专家相结合。从现在的情况来看，我们提出来的民主立法，要比当时的“三结合”要更广泛得多。如果说“三结合”里面没有包含律师，四中全会里面的一些规定则清晰地阐明了律师参与立法的现实性。例如其中提到要增加有法治实践经验的专职常委比例。谁是有法治实践经验的人？不是我们，我们没有实践经验，教授也没有，律师是最有实践经验的。21 世纪初就有人讲，律师要参与政治，包括人大常委会都应该有律师参加，还要依法建立专门委员会、工作委员会，其中要有立法专家顾问，这也是律师很适合干的，因为律师有丰富的实践经验可供立法时参考。

第二，对部门争议较大的立法要落实第三方评估机制，如果发生了争议可引入第三方评估，其中律师的评估也是一个很重要的方面。所以从这一点来说，探索委托第三方起草法律法规草案是一个新的提法。可以说，律师起草法律草案更符合实际情况，更有一些理论的需要。再比如说探索建立有关国家机关、社会团体、专家学者对立法涉及的重大利益如何进行调整的咨询机构，这里既包括社会团体，也包括律师。这些问题实际上构成了我们民主立法很重要的一个内涵。也就是立法的范围要大大扩大，扩大到社会上，尤其在法律方面有丰富经验的律师上。当然，四中全会除了民主立法之外，还强调了科学立法，我觉得一个是法律体系的科学，一个是立法程序的科学，这两个都是亟待解决的。比如说法律程序、法律体系、法律制度的科学。我给大家举个例子，20 世纪 80 年代末 90 年代初，国务院通过了一个土地可以转让的决定，而宪法上规定土地是不许转卖、不许转让的，但因国务院的这个决定宪法修改了，紧接着土地管理法也修改了，可民法通则却没改。我觉得这就缺少科学思想了，同样的东西宪法改了，土地管理法改了，民法通则为什么还不改，时至今日土地使用权转让已经很广泛了，已经开始流通了，而民法通则仍然那么写，这样法律就显得不严肃了，说明我们立法的人本身就缺乏对法律的尊重。一个法改了，相应的哪些法律要跟着改，这都应该有一个科学的程序。

第三，关于公职律师，这是行政法制上的问题，在四中全会决定里特别提到了要积极推行政府法律顾问制度，建立以政府法制机构人员为主体、吸收专家和律师参加的法律顾问队伍，保证法律顾问在制定重大行政决策、推进依法行政中发挥积极的作用。这里面对于政府律师的职能和要求应该说提得非常明确。我觉得政府律师很重要一个职责就是使决策机制更具合法性。这次四中全会特别强调了政府决策机制的完善。所谓政府决策机制的完善，就是要建立决策错误以后的追查机制，到底当初是怎么通过的：是不是拍拍脑袋就通过的，还是真正经过法律程序来完成的。听说湖南已经有行政程序法了，但在国家层面上还没有，我始终觉得行政程序法非常重要。在今天的北大法学院会场里有两幅标语，一是“为权利正义而斗争”，二是“为程序正义而斗争”。可以说如果没有程序正义就没有正义。程序正义还表现在决策程序上，究竟是个人决策还是集体决策？这都需要程序来明确。

我刚才讲了立法的程序，在我国，每个法律都要召开法律委员会会议，组织大家发言，发完言再总结集中。我觉得无论在何种制度下都应有各自的程序，而这个程序应该被尊重。我们现在最难监督的，不是上级对下级，而是下级对上级。我也感觉到了这个问题，但我跟上级提出这个问题时还是心有余悸的。因为质疑领导决策是不是能够依法进行，并对其进行合法性审查是需要很大勇气的。即使在目前依法治国的形势下，关于这个问题也有很多值得我们思考的地方。

最后一个问题，是关于司法审判的。司法审判对于我们来说更具有切身意义，因为社会律师的很大一部分职责主要是在法庭上体现的。我曾经说过律师的风采主要是体现在法庭上，这句话可能得罪了一些人，所以后来有人就问我，你这样说是不是把出庭律师看得太高了，把非诉律师看得太低了，而在中国出庭业务是没有多少人愿意干的。其实这个问题并不能这么看，香港的律师分为大律师和小律师，应该叫出庭律师和非出庭律师，因为只有出庭律师才有资格进行法庭辩护，其他的律师只能做一些辅助业务；出庭律师需要具备充分的法律知识，要反应敏锐，能够当庭回答法庭以及公诉人提出的问题。所以从这一点看，真正的智慧应该表现在法庭上。

从权力分配角度来看，律师所享有的辩护权只占四分之一，其余为侦查权、检察权和审判权；而从法律审判角度来说，律师的权力则可占到三分之一，检察一方、审判一方、辩护一方；但如果从当事人的角度来看，律师的作用就更大了，可以说是半边天，因为在民事案件中就是被告与原告，即使是刑事案件，说到底仍然是公诉和辩护两个方面。所以律师应该看到自己所处的地位。我个人觉得，四中全会决议里对于律师地位的作用写得太少，表述得也很一般，没有特别强调律师在法治建设中应起的作用。但这次四中全会决议里还是有很多亮点的，其中一个很大的亮点就是立案制度的改革。大家知道民事案件立案是很难的，而立案是解决法律权利争议的一个很重要的方面，但有人认为法院在立案方面处处设置障碍。

昨天在一个会上，有一个企业给我讲了一个案子，说新加坡有一个案件要求上海的法院执行，法院推托半天没有立案。我说国际协议有明确规定，为什么还这样。他说，你不要看国际协议，中国法院推托的方式很巧妙，各种办法都有。我们现在提出来要改立案登记制度，只要你符合相关规定法院就必须立案，不要审查，符合条件就要立案，这是一个很大的改变。我们政法大学也有个案件，通过报道还很轰动，是有关分房子的事情。政法大学有七个教授要把房子转让出去，学校说可以卖，但是只能卖给学校，还按原来的价格，就是当初多少价格买的现在就多少价格卖出。教授当然不干了，现在房子已经涨了很多了，于是起诉到海淀区法院，法院却说不好受理，因为无论判谁败诉都很难看。其实这个案子就是一个普通的民事案件，为什么不能受理呢？我也探讨过这个问题，发现很多的纠纷案件法院都不受理。最后就只能上访，被推向社会。法院是解决纠纷的最后一关，你都不来解决，谁来解决呢？所以律师在这个问题上完全可以据理力争，符合法律规定的法院都应该受理，而不应该推托。我想在这个问题上，只要当事人能够授权给律师，就能够使当事人的权利保护落到实处。

四中全会有一句话我印象很深刻，就是让人民群众在每一个司法案件中都感受到公平正义。三中全会也曾提过，现在看来是个好的苗头，但要做到这一点是很不容易的，也可以说是我们司法工作中最高的标准，要让每一个群众都感受到公平正义。现在，我们看到已有被判刑或执行死刑后有新的嫌疑人自认而被判决无罪的，但我们还没有看到一例因为证据不足、刑讯逼供、非法证据而被撤销判决的案例。这让人感觉到有所不足。拿重庆为例，尤其是办案民警已经被判刑讯逼供并受到处分的案件，仍得不到改判。因为刑讯逼供取得的是非法证据，证据非法，判决当然也是非法的。这一点律师可以据理力争，以防冤假错案。这个问题如果不深入一步，那是不行的。所以我觉得现在的平反冤假错案只是刚刚起步，将来很有可能在具体案件中，在非法证据的问题上会更前进一步，这要靠律师的努力。在呼格吉勒图案平反后，我们看到已经对冤案的责任人进行追究了。而当年这些玩忽职守的人，错判了一个人的死刑，不仅立功受奖，最后还有人升官当了公安局副局长。这种情况如果不制止，不知道还会制造多少冤假错案。

（原为 2014 年 12 月 20 日江平教授在上海第二届“国浩法治论坛”上的发言，题目为编者所加）

新世纪中国律师的使命

从我们整个趋势来看，走向新世纪的中国律师，被赋予了一个新的历史使命，就是要走向政治。律师如果不关心政治，如果不跟政治相结合，如果不走向政治，那么律师也就仅仅只是一个服务。

第一个问题：我们律师制度的作用是什么

谈到律师制度的作用，应该说是多方面的、多功能的、多方位的。前不久一位《中国律师报》的编辑编了一本《中国大律师》，让我写个序，我在里面就写了这么一段话。我说："成败、苦乐、善恶、兴衰写就了 50 年残缺不全的律师史和律师人物。"

我为什么要发表这一番感慨呢？我想苦乐是个人的感觉，善恶是你的社会形象，成败是你个人的事业，而兴衰关系国家的命运。从这个意义上来说，应该说律师兴则民族兴，律师兴则国家兴。要从这个意义上来说，我们律师制度最终的价值判断是什么？应该说律师不是一个饭碗，律师不仅仅是一个谋取职业利益的机会，律师也不仅仅是为当事人服务，不仅仅是一个中介工具。虽然它是有这些内容。

我想，律师作为一个职业，它更具有特别的东西，它本身应该包含了一个更深层次的东西，那就是律师应当关系到国家的兴衰。也就是说，律师在国家的政治体制改革中，在我们国家21世纪政治发展中，应该发挥更加重要的作用。

第二个问题：律师业本身既包含着一个服务之道，也包含着一个治国之道

服务之道是它作为职业本身，作为一个中介机构，它必须懂得如何为当事人服务，而且如何能更好地满足当事人的要求，更能够博得良好的信誉和信用，以至于将来有更多的客户愿意接受你的服务。

我常常感念，一个律师本身的信誉从哪里来？公司的信用在于资本，公司的信用在于资本信用，那么律师的信用是什么呢？律师的信用显然在于他所提供服务的质量，他在为当事人提供法律咨询和服务、解决法律困难和纠纷的过程中，信用如何。

服务之道外还有一个治国之道，法律不仅是作为服务的工

具，法律同时又是治国兴邦的要务。会计师、审计师也是中介机构，但是他们没有我们这样所具有的一个鲜明的特点，那就是我们法律是具有两面性的。法律是为每一个人服务的，哪怕他是一个罪大恶极的人，也应该保护他应有的权利。我们现在用法来做治国之道，因为我们提出来的是依法治国了。法律不仅仅是为某一个当事人来服务的，法律是为整个国家的人民服务的，为我们走向一个有秩序的，走向一个民主、法治的社会服务，这是发展所必需的。

当然，只有认真做好了服务之道，律师才能给他的当事人起到从法律上来维护其权利的作用，你才可能，才有资格，才配去做一个政治家谈治国之道。我觉得律师应该是在我们系统中任何一个职业里面最接近政治家、最接近成功的政治家的一个行当，一个职业。

我曾经说过这么一个事情，我说马来西亚总理马哈蒂尔是很有名的，他本身也具有了比较强的美国和西方的意识。马哈蒂尔讲过这么一句话，律师成不了优秀的政治家，因为他们不太关心事实的真相。他说医生的思维非常严谨，并受过有条不紊的工作训练。医生接受培训的目的是解决问题，也就是通过系统的过程治好病人的疾病。他们先收集有关病人的信息，然后统计这些信息，进行检查和化验，并做出推断，最后开出处方。他说这也是一个政治家应该做的事情，他必须对有关的问题进行分析，做出诊断，然后才开出处方。医生找出致病的原因以后，就会找出解决办法了。所以马哈蒂尔这段话显然是对西方非常多的律师当总统、当政治家提出了不同意见。他说最好的、最接近优秀政治家的是医生。这话说得很好。

他接着说，律师就不一样了，他说律师不太关心事实的真相，他们先确定目标，即争取使委托人无罪获释，或认定某人有罪，然后在脑子里以确定的目标开展工作。马哈蒂尔讲这个例子的时候，我想作为服务之道的律师确实是这样。他已经是犯了死罪的罪犯，但是作为律师为他服务来说，你仍然要找出任何一个开脱他死罪的理由。你首先肯定了他对你的要求，然后用你的法律知识来提出事实理由为其辩护。

我想马哈蒂尔说的这句话也给我们一个启示，那就是说服务之道和治国之道是不太一样的。但是，马哈蒂尔错了。

错在什么地方呢？错在世界上优秀的政治家从医生出身的是凤毛麟角。而作为法律家，作为政治家的，我们不谈优秀不优秀，能作为真正政治家的，那恐怕比比皆是。

现在看起来，人们越来越把学法律看作是通向政治之路，我想不能把政治家当一个贬义词，有人说政治都是权力的斗争，利用权力来谋私，利用权力搞政界中那些黑暗的东西。我认为如果要做一个好的政治家，他所起的作用要比任何一个好的职业都要好，比一个好的医生、律师、教授都要好，对自己、对国家、对社会、对民族、对人类的贡献都要大得多。我们为什么不当政治家呢?!

普京是这样，戈尔巴乔夫也是这样，他们都是学法律的，刚刚当选的南斯拉夫总统也是贝尔格莱德法学院毕业的。我们还不说美国的历届总统、议员。美国宪法所制定的过程，法学家所起的作用远远比我们今天所设想的还要多得多。所以从这一点来说，我们应该有这么一个雄心壮志，21 世纪应该有法律家来更多地参与政治，更多地参与领导的决策层，甚至就是成为国家的领导人。

那么为什么学经济的不能当银行的行长，非要由一个学理工科的人来当，这些怎么理解？这个问题，我一直在学校里面谈，好在今天谈这个问题也不是禁忌。因为江泽民同志不止一次在公开场合中说这个问题，讲到现在国家领导人中间差不多都是学理工科的，学文科的，学法律的，尤其学法律的几乎都没有。

律师成为政治家并不是一个人或者多数人的愿望，律师能够成为政治家的也只能是极少数，但是能成为政治家式的律师，确实是每一个人可以做到的。所以我说要区别律师作为政治家和政治家式的律师，这是两个不同的概念，律师作为政治家是少数，而政治家式的律师却是每一个律师都应该去追求的。

律师有四种类型：

第一类是政治家型的律师。那就是律师在做自己业务的时候，始终具有一种政治家的素质，参与政治活动，关心社会的活动，关心国家现在存在的问题，从法律上来加以研究，提出解决办法。律师本身不仅仅是服务，同时，还有政治上的抱负，政治上的远见，政治上才能的锻炼，政治之品质、素质的锻炼。

现在也逐渐出现了第二类学者型的律师，特点是追究学理：在办案的过程中，对里面学问的本质把握得很深；从理论的角度，分析得头头是道，在各个问题上都有自己的见解，而且这些见解是有深层次的理论功底作为它的保障。

第三类我们要把它叫作商人型的律师，“商人”绝对没有任何贬义，今天不应当再对商人做贬义的理解了。律师事务所越搞越大，大家在这个律师事务所里面，获得更多的收入、更多的保障，发展成为一个规模很大的，甚至跨省跨国的律师事务所，成为国内外数一数二的大律师事务所。你的抱负就是扩大规模，增加收入，使每一个员工的生活好起来。

第四类就是贬义的了，那就是讼棍型的律师。那完全靠玩弄法律，靠自己的口齿，靠我在什么地方有我的熟人，在什么地方有我的关系，在那里我能通过什么关系，包揽诉讼。当然这一类应该说是我们所不齿的。

第三个问题：谈一谈律师从低水平走向高水平

我到国外去有一个感觉，中国的产品在国外是有市场的，中国产品是可以打进国外市场去的，要不然我们参加 WTO 干什么？总之，我们的产品有竞争力，我们愿意有更多的产品出口，但是到了外国都有一个深层次的问题，就是中国的商品再好，也就是在普通的市场，也就是摆地摊来卖，这就是中国商品的现状。中国有多少牌子能走进高级商店呢？中国有哪些自己创造的名牌，再好也不过“海尔”这样个别几个。我想服务产品也是这样：我们的服务，我们是服务出口的大国，但是我们服务的标准，哪些个可以够得上世界级名牌的水准？

律师业是智力劳动成果，我们的律师有几个能做国际上的业务，能在国际的会议上代表中国出席律师大会去发言，去得到国际上的承认？所以从这个意义上来说，20 世纪我们律师业恢复时间比较短，面对 21 世纪参加 WTO 这样的竞争，我们无论从一个人一个所一个国来说，都有一个问题，就是怎么样来提高自己的实力和自己的地位！

我很同意这个观点，我们国家这 20 年来律师的地位确确实实是大大提高了。然而，六个律师当人大代表，这就是律师地位的大大提高吗？人大的代表有2900人，只有六位律师，这还是你地位的大大提高？我甚至从反面来说，六位律师作为人大代表，恰恰说明我们律师地位还需要大大地提高，还大大的不足！

我们怎么认定律师地位大大地提高？律师地位提高取决于什么东西呢？如何来看待我们律师地位的提高？100多年以前，1888年美国有一个著名的律师，叫作伯莱斯，他发现从整体来看，律师事务所的公共责任感和公众的影响有一个趋向，就是没有能力或者不愿意处理当时的政治和社会问题，这句话说得很尖锐。美国1888年的时候，美国的律师事务所和律师，一个是没有能力，一个是也不愿意关心这些社会和政治问题。他发现美国人比起他们英国的同行来说，更加保守，而且比他们的前辈律师还要保守。

我想这是美国人对本国律师的批评，而且其本人是著名的律师，如果这几句话拿到我们今天，是不是我们也可以说，我们现在的律师对于政府、社会、经济中的问题，我们有没有能力，有没有兴趣，愿意不愿意解决？我们对人民关心的问题，人民非常注意的问题，是不是脉搏相通，是不是心跳在一起？这是一个很尖锐的问题。如果你能满足社会历史的要求，具有了这样的使命感；如果你有了与社会的政治、经济、司法、社会改革和进步相连的心，你有了对人民关心的事情、人民痛苦的事情，息息相关的这种感觉，我想你的地位会得到社会承认的，律师这个职业就会有更高大的光辉形象，律师的作用就更能够为党和政府所承认。

律师是否具有这种社会的使命感，律师是否具有这种对社会经济、司法改革、政府进步的一种同步进行，积极参与的使命感？如果有，那这样的政治家式的律师就不是我们贬义上的政客，而正是我们所需要的政治家！现在我们国家的政治学和经济学，仍然是两个禁区比较多的学科领域，或者说禁区比较多的职业领域。因此参与政治在中国仍然有坎坷不平的道路，但是 21 世纪，我们将有更多后来人越来越多地参与到我们国家的政治改革、政治进步中去！

第四个问题：律师成为政治家或者政治家式的人物所具有的条件

第一，律师所掌握的知识是法律，而法律现在是治国之道，起码已经从宪法上上升为治国之道了。

第二，律师本身是服务之道，而这个服务又更多的是保护人的权利，所以应该说律师心中最懂得人的权利的重要性。律师本身就应该是一个人权的卫士。你职业最高目标就是捍卫人权，保护人的权利，尤其是保护弱者的权利。那么律师在他的服务之道的活动中，他就知道当事人的权利如何受到侵犯，如何没有得到公正的对待，甚至没有得到司法、行政或者其他公权机关的公正的对待。

第三，律师本身是一个中介机构，它介于各个当事人之间。所以律师可以是自然人、法人之间，也可以是政府机构之间的中介机构，或者政府机构和自然人、法人之间的中介机构，甚至可以是法院和当事人之间的中介机构。在这个意义上说，我们律师所接触的社会面最广，上到政府、人大、法院、检察院、司法部门，下至一般群众、社会弱者，任何一方面你都需要接触。那么对于这其中的腐败现象，运作领域里面的黑暗现象，我们是最清楚的。

第四，律师本身是一个民主机制不可或缺的一部分，应该说律师所能接触的是更全面的景象，社会的更完整的一个景象。你应该有洞察力，你应该有分析力，你应该从这里面能够得出某些东西来，春江水暖鸭先知嘛。我想我们也可以说秋江水冷也是鸭先知嘛。所以社会经济、政治生活里面的冷暖、是非，应该说我们律师还是真正知道的，是洞察的，关键是敢不敢说，愿意不愿意说，愿意不愿意投入。

第五个问题：律师如何走向政治之路

第一，我们律师要想走向政治的话，特别注意要研究政治和社会的问题，要敢于思考和研究在你工作中出现的一些令人深思的现象。我觉得我们现在律师大有文章可作，就现在的政治、经济、社会各个方面存在的问题，你跳出律师的圈子，从圈外的角度来看社会问题、经济问题、政府问题，或者其他的问题，你的行动就是从一点一滴开始研究一些问题，发表一些意见。

第二，我认为律师要走向政治必须要服务社会，做政治家要得到社会的认可，必须要服务社会，服务社区，律师应该更多地参与社会关注的问题，提高社会知名度，参加立法活动。但是有人会问，那你说认为我该参加立法，但我又不是人大代表，我又不是立法机构，我只不过是一个普通的律师。可是我跟大家说，合同法草案是在报上公布了，征集到的意见是500多条，政府部门的有，学者的有，甚至国外的也有，但是我们律师写出完整意见的人不多。律师每天用合同法，如果你认为哪些需要修改，你为什么不提出你的意见，这也是你参与社会的行动啊。

我想，走向政治，还要求我们律师能参与监督。监督是政治体系里面很重要的一个东西，也是民主里面至关重要的东西，律师不要只作为一般的司法活动的参与者，而且还要作为一个真正的监督者。学法律的人学坏往往可以比不学法的人更坏，因为学了法律以后，他知道如何规避法律，如何可以躲避法律的制裁。

如果仅仅是一个为当事人服务的工具，仅仅是想着和法院搞好关系，为赢得一场官司而不择手段，那么就太可悲了。

最后，我有一个希望。面对21世纪，我们中国必然要走向进一步的政治制度的改革与进步，律师走向政治的步伐将会越来越快，或者说参与越来越多，越来越重要！律师想提高自己的地位、实力、水平素质，不一定要求每一个律师都成为政治家，但是要求我们律师都能成为政治家式的律师。关心政治、关心社会、关心经济、关心人民群众，把你的心脏和人民群众紧紧联系在一起、跳动在一起，那你，就是21世纪最好的律师！

（原系江平教授就“21世纪中国律师的政治使命”所做的讲演，原载《中国律师》2001年第1期）

律师与诚信

——四面八方说诚信

很高兴受上海律师协会邀请来做报告，也非常感谢上海律师协会聘请我做专家顾问。我跟律师讲了不少题目，不久前《中国律师》刘桂明主编给我出了一个题目，他说你讲了很多有关律师方面的，能不能讲一讲有关律师和诚信？

这个问题我一直没有答应下来，我说我到台湾讲学期间再考虑考虑。我这个人讲学是讲得比较多，在整个讲学过程中我最认真的是，第一，给律师讲课要小心，因为律师比法官还厉害，恐怕给各级政府领导讲课我最轻松，给律师讲课是最谨慎的。第二，给上海律师讲课尤其要谨慎，因为上海的律师水平之高，令我很吃惊。第三，要给上海的律师来讲做人、做律师的道德修养这个题目就尤其难讲。要我讲讲公司法、合同法我还敢讲，如果要讲诚信呢就复杂一点。所以我是犹豫再三，但是最后还是觉得可以吧，硬着头皮来讲讲。

要讲关于诚信的问题，我先从两个剪报谈起。

第一个是《法制日报》2003 年 2 月 16 日的剪报，里面讲了信用立法。这个报道讲了现在我们在民法典草案里面，在人格权里面专门立了信用权的一节，把信用权正式列在了人格权的范围之内。而且对于信用的立法里面包含哪些内容、应该怎么样来立法大家现在都讨论得很多。另外这个报道里面也讲到了现在正在制订企业征信条例，这个对我也是一个很大的震动。因为我讲民商法很多要讲诚信原则，我也参加过不少场子来讲信用的这个问题。但是现在国家的有关部门在起草企业征信条例，已经上报给国务院了。这说明我们国家的征信机构和信用评价的机制方面在进行立法。这对我来说是个很新鲜的问题，除了民法典里面一些关于信用立法的，还包括企业信用和征信机制的立法。

第二个使我感觉到需要讲的，就是在《法制日报》2003 年 1 月 15 日登了秦皇岛建立律师征信档案管理系统。标题讲了“律师诚信状况一查便知”。如果我国律师诚信的状况一查就能知道，电话一问就很快能知道，律师能建立这种管理系统，那又是一个新的东西。在这里面讲了一些内容，说建立了信息的系统里面包含了五个方面，而且把律师的诚信等级划分为 A、B、C 三个等级。A 级为优秀、B 级为良、C 级为较差。我有时候也在思考，好在哪里，这样做又会有什么问题。比如说，律师的诚信等级可以通过网上公开，老百姓都能来了解到。而且律师个人的诚信等级经评定降为C级者，所在律师事务所在年度内不能参加文明律师事务所的评选。律师事务所主任年度内不能参加优秀律师的评选。对律师信用等级的动态的管理还会影响到他的注册。而且对于信用好的律师，司法局、律师协会在年检注册考察培训方面还可以给予便利和优惠。评选优秀律师时可以加分。对于不讲信用的律师来讲，要加强检查。所以这是一个很有意思的问题。

昨天到了上海，正好看到了《中国律师》的第4期。这上面又有一个北京市出台《北京市律师诚信信息管理办法》。北京也建立了律师诚信的管理系统。刚才我在休息的时候，一位老朋友给我拿来了重庆律师诚信建立的报道。我原来在考虑律师诚信制度怎么建立，现在来讲已经建立的这些办法，好在哪里，有什么问题没有啊。律师诚信问题很多，如何来建立律师诚信的机制呢？所以我免不了就想要发表一点儿意见，自己来谈谈看法。

我觉得，信用应该从四个方面来看待它的性质。

第一，信用本身是一种资格。我要这样讲是因为我开始是搞罗马法的。罗马法里面，一个人如果他本身没有信用，可以构成他的名誉减损。我们知道罗马法里面有人格减等也有名誉减损。这就是说如果你本身没有一定的信誉，如果你现在做了伪证，做了伪证就表明你这个人没有信用。这可以影响你担任一定的公职或者私职。政府的雇员或者有些机构的雇员你不能够担任。因为你本身就已经失去了必要的信用作为你担任这个职务的资格。甚至在你担任某些私职的时候，如果你作为一个监护人，连最起码的信用都没有，你可以侵占别人的财产，你可以不遵守某些必要的规范，在这种情况下，你可能就连这样一种资格都没有了。的确，罗马那个时候，最没有信誉的人，恰恰是因为还不了债。我们知道罗马国家有一个很重要的规定：如果债务不能偿还，可以丧失全部人格，变为奴隶——债务奴隶。西方的人格减等很重要，最后到了自由权都可以丧失。所以我看到有一篇介绍中讲的，罗马人认为欠债不还这是最大的耻辱，最大的名誉丧失，可以构成人格减等，由自由民变成奴隶，丧失人格权中最主要的自由权。因为他居然连自己最起码的债务、自己明示的义务都不能完成。如果要从这一点来分析的话，我们可以看到从古代的尤其西方国家，在讲到名誉的时候、讲到荣誉的时候、讲到信誉的时候，这三个都是连在一起的。信誉就包含你的荣誉，你的荣誉就包含你的名誉。我们现在是名誉权、荣誉权，现在再加一个信誉权。从古代来说，从罗马国家、西方国家，这一点都是统一的。这些东西会影响到一个人从事某一职业的资格。这个问题从今天来说，我们也会遇到这样的情况。比如说我们在立公司法的时候。公司法中我们在考虑公司的一些担任高级职务，像董事、监事、经理，就会考虑一些规定，如果他曾经有过一些没有信用的状态或者事实，或者这样的历史记录，他能不能去担任一个公司的高级管理人员？所以在公司法里面就会规定，担任这些高级管理人员的资格，只要他是在某一个企业里面、某一个公司里面曾经由于他自己个人的责任造成了这个公司的破产或者重大的亏损，那么他必须经过三年以后，才有资格担任公司的高级管理人员。因为你总不能今天把这个公司给搞垮，明天又跑到另一个公司去担任高级职务。也就是说，从这个意义上来说，他有一个资格的限制。现在我们正在制定新的破产法。大家知道新的破产法里面包含了个人破产。那所谓的个人破产是指合伙企业和个人独资企业里面出资人的破产。个人独资企业的破产当然不是企业的破产，因为企业不是法人。那当然是个人出资人的破产，还是个人的破产。合伙企业不是法人，所以严格说来，合伙的破产、合伙企业的破产最终是合伙人的破产。那么个人显然就和法人不一样。法人破产，法人资格消灭了，个人破产，个人还存在，自然人还存在。所以世界各国在破产法里面涉及个人破产的时候，必须要有一个复权的规定。一来你不能让他永远不能从事经营，二来你也不能让他马上就能从事经营。所以，这次的破产法的立法里面，对于复权做出了一些规定。当然你的复权要和你偿还债务的比例成反比，如果你一万块钱债务能偿还90%、80%，那你恢复权利的时间就可以短一点；如果你能够偿还的债务只有30%、20%，那你恢复权利的时间就要长一点。一句话，赋予你的资格必须要和你的信用挂钩。这个信用就是你的还债能力。你偿还的越多，显然恢复你的资格就越快一点。我想在商事活动里面，一个人在这里面能够从事经营的资格，不管你是作为个体经营还是作为合伙经营，或者是作为公司法里面的高级管理人员，或者你作为经营者，现在乃至于金融机构都明确规定了金融机构里面高级管理人员的资格。因为金融机构里面也出过问题，这就显然要有一个禁止进入的规定。我发现在有些其他的行业里面，现在也越来越多地有制定某些资格的规定。经纪人或者其他的方面有什么样的资格，搞证券管理的有什么样的资格，等等。每一行、每一业里面的从业资格，更多地或者将来更多地会考虑的是要和他在以往这个行业里面的经历过程中的信用挂起钩来。所以从这个意义上，对于市场经济来说，从事某一些职务，他的这种许可、准入要和你的信用状况联系起来。

从这个意义上我们现在可以说，资格本身就是一个权利能力的限制，不允许你从事某些方面的工作的。在这个意义上，如果我们对于一个人的信用的评估，对一个人的信用的确认，能够影响到他进入某一个行业，能够进而影响到他从事某个职业，甚而影响到他担任某种职务，那么这样的一种权利能力的限制，从道理来说，显然一定要有法律的规定。所以表现在破产法里面、表现在公司法里面、表现在银行法里面、表现在其他的有关法律法规里面。任何一个部门的组织，没有权利来把人的一个从事职业和担任职务的资格来剥夺，当然行业内部的某些管理可能也会有。所以这个问题其实是一个很有意思的问题。比如说现在足球协会，足协确定了给他的处罚禁赛是多少天，不允许他担任裁判员，由于他的某种行为，不能够再让他担任裁判员，这是行业的惩罚措施。这种情况属于内部的规章，跟民法之间有没有什么关系，能不能去告啊？现在已经出现这样的情况了，你禁止我这样的资格，你说我没有信用，我不认为我没有，我可以不可以到法院去告啊？我告你足协、我告你律协对我做的这个处罚不对、给我评的等级不对。我们是搞法律的，在座都是做律师的，哪些是行业内部允许的，哪些是不允许的，向法院提起诉讼行吗？所以第一我们应该看到，信用是一个人在社会当中的一个资格，从事某种职业和职务的一种资格，现在这点越来越重要了，这是饭碗的问题。

第二，信用是一种财富，或者信用是一种财产。为什么我要讲这个问题呢？因为今天我讲信用，想更多地从法律的角度来谈，我不从道德角度来谈。如果从道德角度来谈，我怕我讲不太好。如果从法律方面来看，我可以这么来说。破产法现在来说，破产有两个界限。一种界限就是资不抵债。资产小于负债，那当然破产。当然还有一种界限，那就是到期债务不能清偿。我们国家的破产法一直沿用第二种的办法。我问在座律师，为什么这两个破产的界限，我们要采用第二种——到期债务不能偿还的办法？到期债务不能清偿，我可能资产还大于负债，我有偿还能力，但如果我们从道理来看，到期债务你都还不了，我不管你有多少其他财产，能不能兑现，至少你在信用方面已经没有了。你本来到期应该偿还的，你没钱。如果我是资产小于负债，但是我还有信用，我仍然可以到银行借钱来还，银行仍然可以借钱给我，为什么只要我资产小于负债就算破产呢？资产小于负债，但我有信用，那这个信用就大大地超过你实际有的财产吧。所以我们可以看到，从破产这个角度来说，如果你资产小于负债，而一旦你有了信用，那么银行可以借给你，别人也可以借给你，那么你完全有能力来偿还。并不等于资产小于负债必然是不能偿还，我还可以借嘛。所以我有时候就常常讲这个问题，我说你看孔乙己是没钱，可是他每次吃茴香豆的时候，他记完账每次都准时还。所以从这个意义上来说，他的信用就表现了他的财富、他的财产，人们愿意借钱给他，愿意赊钱给他。前几天在政法大学举行了一场关于诚信的讨论会，面对广大学生。找了建设银行的助理，找了企业家，找了北京的公交模范，大家在谈这个问题。现在银行已经提出对于信用卡的发放。建设银行的这位助理陈佐夫，原来也是我们学校的团委书记。原来信用卡有一个信用的额度，大家可以超出信用卡的钱来用，后来出了很多“还不了”的问题，后来就全部不允许透支了，五万就是五万，十万就是十万，不能够再超出一分钱了。而现在要灵活了，根据每个人的信用程度，我可以给你不同的超出你信用卡的范围的透支额度。信用高的人可能给你十万，信用差的给你五万，再差点的，根本不允许在你所存入的银行的钱以外再透支。所以在这个意义上，我们可以说信用本身所体现出来的，确确实实是作为一种财富的标志。商标里面所产生的名牌信用具有很大的意义。那么律师本身所产的名牌也会产生很重要的意义。在这个意义上，我们可以说，信用本身所能够创造出来的这种财富，恰恰表明他本身就是一种财产。我记得在 20 世纪 30 年代的时候，美国有这么一个案子。30 年代美国经济大危机，有很多工人找不到工作而失业。其中有一个工人找到了工作以后，在雇主第一个月发给他工资的时候，他把工资的一部分又返还给了雇主。显然这意思就是说，现在就业非常困难，你不要解雇我。我把我从你那儿拿得的工资的一部分又返还给你。针对这个情况，其他的工人就到法院提起诉讼。说这个行为是不正当竞争。如果一个工人找到工作以后都拿一部分回扣给雇主，雇主就可以不解雇他，那么其他的人就失去了同等竞争的机会。这个案例最后确认：这样一种行为，也就是给予回扣的行为，是一种变相的贿赂行为。而按照法院的判决里面对这个案子最后所定的性质来说，就是市场经济，每个人都应该有完全相等的机会。如果你给了回扣给雇主，雇主拿了就不解雇你，那么其他人就失去了同等竞争的机会。律师也是这样，其他的行业也是这样。市场经济下面每个人都应该拥有完全平等的机会，而这一机会就是你的财富创造的机会。如果一个机会被别人给垄断了，你没有机会，就等于剥夺了你的财富。所以从这种意义上来说，我觉得在市场经济里面，我们特别要强调机会的平等。机会的平等就给予每个人以同样创造财富的机会，取得财富的机会。那么反过来说，机会平等了以后，机会本身又意味着什么呢？我想机会本身就意味着谁有更大的信用，谁就能够获得更大的机会。一个更拥有信用的人，他可以在同样的市场里面，获得更大的机会。我觉得在市场里面就是这两条法则：一个叫作“机会面前人人平等”，一个叫作“在同样的机会面前有信用的人能够获取更多的机会”。当然在我们律师界里面有另外的理解。也许有人认为我跟法官联系得多我可能有更多的机会，也许有人认为我们可能都是学校的老同学我就有更多的机会。如果我们撇开一些其他不正当的因素，我们可以说，这个因素应该是最重要的。所以市场经济这两个法则我希望律师们能够记住。一个市场应该保证每个人有平等的机会，但是市场所提供的机会又使那些有信用的人会获取更多的机会。当然信用作为财富，又是一种无形的。刚才在休息室里面，原来的会长又谈起律师大赛，上海获得了那么好的成绩。我记得在前年，全国律师辩论大赛的时候曾经争论一个问题。有一个题目有争议，不是在决赛或是半决赛的时候。由于有争议呢，组织委员会也征求了我的意见。讲了有一个人用法国大菜作为投资。确实他的法国大菜做得很好，法国大菜也完全能够创造很大的财富。别人做的法国大菜不好，没人去吃，而他做的法国大菜生意很好。这本身能创造更多的机会，获取财富的机会。到底公司法里面能不能将法国大菜作为出资？看法不一样。有的律师答了可以，最后标准答案一看说不可以，所以这个律师不服。最后征求我的意见。我说能够创造财富的，不等于能够出资。美国人的理解，什么东西能够作为出资？必须是能够转移的财产、能够转让的财产。法国大菜技术是不是依附在你个人身上？在 100 万的总资本里面，你占 20% 也可以。那么最后这个公司要来抵账的时候，要来偿还债务的时候，你能不能说就把我这个法国大菜技术作价 20 万卖给你吧？卖给你，你还是不会做法国大菜。所以我们说能够创造财富不一定能够作为出资。现在能不能用信用作为出资？现在有人提出来用信用作为投资，我拿“全聚德”这个字号里面的信誉来投资，这个已经变成不仅仅是信用权，而且已经是一个商业名称的概念了。所以我们应该在财富、机会和出资这样一些问题里面，来考虑这些问题综合起来如何。但是我想说的问题就是我们完全可以肯定：信用是一个人的财富。现在信用是一个人很大的财富。信用比起其他的权利来说，更拥有人身性质的、财产性质的，两重性质的权利，是这样的一种财产。我想这是第二个问题。

第三，信用本身是一种权利。信用作为一种权利现在已经在民法典起草的过程中正式写进了人格权里面。我刚才讲了，把它和名誉权、荣誉权并列地作为一种信用权。当时曾经考虑这样的信用权是不是局限于商事性质的，信用是不是仅仅是商事？也不见得。当然它作为权利写进去，那应该说完全没有问题。当然这样的一种信用权利，也适合与每一个人独特的身份联系在一起。商人有商人的信用，律师有律师的信用。会计师事务所有会计师事务所评估的信用，所以在这一个意义上来看，这样的一种民事权利，它也有它自己独特的一个方面。我为什么要讲这个问题呢？我就是跟秦皇岛的这个办法、北京的这个办法乃至于重庆这个办法有联系，我们再来探讨这个问题。既然是权利，就有两条共性：其一，权利的内容是什么；其二，权利如何救济。信用权作为法律上被写进去之后也需要考虑这两个问题。第一个信用权的内容究竟是什么。所以到底什么是信用这个问题就来了。前两天我们学校请了几位不同的人来讨论。企业家说“按照我的理解，信用就是按照一个人过去的行为，来确定现在的资产如何配置”。这就是经济学家的语言。我想对啊，按照你过去的行为来决定现在怎么样来对你的资产配置。根据你过去的行为来决定现在给你多大的信用度，根据你过去的所为，现在给你多少钱透支合适，信用卡能够给你多少透支由你的信用度来确定。如果你过去的行为很糟糕，我可能一点都不给你。所以过去的历史上，人类是三大市场，第一大阶段是易货交易。我们学的最简单的马克思主义政治经济学，最早的以货易货，我拿羊换你十斤大米。第二阶段到了货币交易，货币是能够交换的。现在到了信用交易了。最早是实物交易，后来是货币交易，现在是信用交易了。我根据你的信用度来配置你的资源。那么目前有信用的话，我仍然可以交易。没有钱的话，我可以先消费，有信用的话，房子可以先贷起来，我可以先住进房子，不要等到最后非得货币齐了，有了 100 万我再买房子。这是美国人的消费观念。我不是等到有了 100 万再买房子，而是我有了 10 万，我就可以贷 90 万，可以先住进去了。他说这个话，我也很有启发。今天我们已经从实物交易、货币交易到了信用交易。这时候这个信用在我们应该怎么样来看待。这是经济学家对于信用的看法。那么后来又问了另外一个人，他说我来理解信用是什么？信用就是做人的准则嘛。我对待自己、对待他人的一种态度。我说你这是在道德方面给信用下的一个定义。如果说从法律上来说，怎么给信用下定义呢？我一直给信用在法律上是这么下的定义：我说信用从法律角度来说，作为一种权利的角度来说，它是社会对于你履行义务、偿还债务的能力的评价。首先我们知道我们的名誉权、我们的荣誉权，都是社会对你的评价。那么信用在法律上来说就是你履行义务的能力、你偿还债务的能力。你欠下的钱能不能还，你其他的债务能不能履行，再广义上来说，你的义务能不能履行。作为一个人什么义务都履行了，什么债务都履行了，他的信用度当然高。如果义务不能履行、债务也不能履行，社会对他的评价就低。我想今天要把这个信用用在你们律师身上。你说律师的信用是什么？就是社会对你履行义务或者偿还债务的能力的一种评价。也许你的偿还债务能力不像商人一样那么多，但是你必须有履行义务的能力。如果说从民商法的角度扩展开来讲的话，这个义务已经不仅仅是你对于客户、当事人的义务，还有你对于社会的义务，甚至还有你对于国家的义务。更广了一点，公法上的概念。这个律师对于社会所承担的义务怎么来评价。这个能力，你是不是对它负责，你是不是认真地履行了你应尽的义务。我想社会对你的评价，不是一天两天所形成的，而是很长时间来形成的。一个社会对一个人的评价，对我的评价、对你的评价、对你们老的律师的评价，应该说这些评价是经过多少年的经历、多少年的考验、多少年的积累所形成的，对你这个律师的评价。一个律师社会的正面评价可能需要几十年的努力才能赢得，而一个律师社会对你的评价可能由于你一次的卑鄙与失职而变成完全没有信用了。所以，在这个意义上来说，信用本身是这么个东西。那如果我这个人的信用度很高，但银行就不借给我钱，我拿我们民商法的角度来说，那你怎么说呢？你能到法院去说这侵犯了你的信用权了吗？我信用度很高，为什么到银行借钱就不借给我啊？我的学习也不错，为什么贷学金就不借给我啊？现在银行就面临这个问题，你说我信用不够，我认为我信用很够。我们现在都有个评估的等级了。这个评估的等级怎么办呢？我认为你给我评估的不对，我们讲了秦皇岛的问题，你评了 A、B、C 三个等级，我认为你给我评的C级不对，我应该是A级，你怎么给我评了C级啊？我们这次民法典的起草中，在信用权里面特别讲到，信用档案和信用的这种记录。现在不是老爱讲信用档案和信用记录嘛。这个管理办法里面，信用档案管理办法就这个问题啊，我们过去人事档案多得很，有的人事档案大家都受苦受了一辈子了。人事档案我也不知道里面写了我什么，人事档案我也不能提出异议。人事档案说我有个什么问题，我也不知道，一辈子背黑锅。那现在对我的信用档案里记录不实，我能不能要求看呢？我能不能看看你现在给我记录的是什么东西啊？我能不能提出异议啊？我能不能要求你修改啊？我能不能向法院起诉啊？我认为你这里面记载不实，侵犯了我的信用权。我本来没有那么差的信用，你里面给我写进去了。所以作为一种权利，它的内容和它的救济手段就必须要考虑。我们现在有不少信用档案的办法，我不反对律师协会或者别的地方搞信用档案的办法，但是你要搞信用档案办法，你就要给每一个律师保障他的信用作为一种权利，它有哪些权利内容和形式。不是我来管他，不许他再有不同的意见。如果他要求有救济手段怎么办？作为律协的内部管理的救济手段是什么，是不是关于信用的这个评估办法也要有相应的管理机构。我对于律协的不服能不能告到法院去又是一个问题了，我都难说。因为这是一个涉及这个人的信用权的问题。

既然你侵犯了我的名誉我可以到法院告你侵犯我的名誉权，你侵犯我的荣誉我可以到法院告你侵犯我的荣誉权，那我到法院告你侵犯我的信用权当然顺理成章了。只要民法里面写进了信用权，人们就可以到法院去告你侵犯了我的信用权。那么将来这些问题如何来办，这都是信用摆在我们面前需要思考的问题。这不是对于律师某个人的信用的问题，而是律师需要考虑，把信用作为一种法律机制来规定了，我们怎么办。不仅以后你对于你自己，而且一旦我们国家法律规定了信用以后，你的客户如果是一个商人，你的客户如果是一个教授，你的客户如果是一个会计师，你的客户如果是一个演员，他的信用受到侵犯以后，你怎么来保护他，也是这个问题。所以我讲了信用它作为一种权利形态出现以后，我就要从它的权利形态方面去考虑。这是第三个问题。

第四，信用是一种信息。我想信用作为一种信息是大家越来越注意了。我们现在所谓的征信的办法就是要把信用作为一种信息形态来出现，为人们所能够了解，为人们所能够掌握，为人们所能够取得的一种东西。这个在我们国家长期是一个问题。我到一个企业去投资，我要跟这个企业订合同，我怎么知道这个企业的信用状况啊？它究竟在银行里面还有多少欠的钱没还啊？它是不是现在还有一个担保需要他来承担义务啊？它是不是现在还有法院一个判决马上需要执行啊？它是不是欠了税务局还有钱没还啊？我无从知道。所以现在信用变成了一个盲区。如何解决信用盲区就要建立信息、变成信息，但是我们又没有这个机构。所以各地律协做的这种尝试我完全支持。总的来说是好的，我要把信用变成信息，这不应该说有什么不对。但是具体做起来就比较复杂，哪些东西应记载入信用档案。在美国，有了一次违反交通规则的记录，保险公司收你的保费就要增加了。因为你有违章记录，违章就容易出事儿，出车祸，你出车祸保险公司赔钱的概率就要多了，那保险费也要相应提高了。你有违章记录说明你不守法，银行贷款可能也要受限制了。可见人们在社会中的一切行为可能都会作为你的信用记录。这个很重要。就像中世纪当时说，如果你在法庭里摁着《圣经》你都敢说假话，做伪证，那这个人是绝不可相信了。能够摁着《圣经》对上帝说假话，那你借银行钱你能还吗？你的合同签订了能履行吗？这从你的品质里就能看出来了。所以可见这个信用记录究竟包含一些什么样的东西，这样的一些记录怎么来做。律师记录的是不是仅仅是律师的欺诈行为或者什么，以后律师要是违规了，违反交通规则，喝了酒，闯了红灯是不是也要记录在信用记录里面？我说这话不是开玩笑。一个人的行为是全面的，如果他在日常小节上敢违法，那大的事情他也敢违法。

如果律师天天对别人讲要守法，而自己却偏偏违法。我想从这个意义上来说，什么东西应当包含进去？第二个问题涉及哪些领域可以变为信息。那天我们学校讨论的时候我就讲，对银行肯定有评估机构。现在金融机构里面信誉好的银行两个 A、三个 A，接下来是一个 A，或者 B、C。接着陈佐夫讲，现在外国对于我们国家的偿还能力做了评估，他说中国的偿还债务能力，外国评了是三个 B，没上 A。这个值得我们思考。我们国家整体的偿还债务的能力，人家都给你做评估。但是有的又不做评估。现在有人说企业要评估，而现在企业并没有评估。为什么公司发行的债券可以评估，而股票又不评估呢？我们问问律师，为什么债券现在可以评估等级，我这个公司发行的债券很有信用的，那个公司经济效益不好，债券等级可以评估，为什么股票不评估啊？我想从来没有过评估这个股票是 A 级，只有 ST、PT 什么的。因为这个东西很难评估。这个是由股民们自己来看的，我觉得哪个信誉好，我就买哪个。律师能不能做评估啊？能不能给每个律师评估你是 A 级律师，你是 C 级律师，能这么样来评吗？这个问题又来了。这需要我们思考。我记得我在北京市司法局有一段时间担任北京律师的高级职称评审委员。那时候就评一级律师、二级律师。那时候就觉得奇怪，怎么申请来评一级律师、二级律师的都是那些 20 世纪 50 年代、60 年代的大学毕业生。新毕业的那些外国回来的，能力很高，一个都不来申报高级律师职称的评选呢？高等学校的职称的评选打破了头，这里怎么律师不来争啊？后来我知道律师有的不关心啊。我能力好的话大家都找我，我管你一级律师、二级律师啊。评了一级律师我没本事，人家照样不找我，而我什么职称都没评，我有本事，我国外回来了，大家都找我。可见你律师评估等级，从律师这点来说，你评了他一级律师、二级律师和你学校里面评了他教授和副教授不一样啊。再退一步来说，谁来做评估？西方国家的评估机构是有权威的。哪怕它是公家的，也可能是私家的评估机构、征信机构来搞评估。但是它要经过合法的手续成立。我们行业也可以。比如我刚才谈到了秦皇岛律师协会，或者司法局来评这个律师评 A，那个律师评 B，但是弄不好会出现很多问题。你为什么给我评 A 啊？一评 A 的话，当事人请律师当然请我这个 A 的，我干吗请你这个 B 的？更不请那个 C 的了。一旦你给我评 C 的话，把我饭碗都砸掉了，没人请我了。这可了不得了，你把人家的饭碗砸了，人家可告你啊，你就有资格把人家确定为 C，就因为一件事你就把人家评为 C？所以我说对于律师的等级的评估可要谨慎。所以信息怎么样来评估，信用怎么样来评估等级，怎么样来定量，怎么样来定性分析，很复杂。应当慎重地来对待。那么上面我讲了叫四面，是讲信用的四个性质。信用一是一种资格，二是一种财产，三是一种权利，四是一种信息。

下面我想讲一讲除了四面之外，再讲一个八方。四面八方的八方是什么意思呢？如果四面是四种性质，那么这个八方就涉及跟律师有很大关系的八个方面。

第一个是合伙和诚信。在讲到合伙和诚信的时候，我要给大家先举一个很有意思的例子，过去我经历的。1989 年的时候在我们国家是不平凡的一年、动荡的一年，可是那时候我正好在美国。5月底的时候法学会成立了一个民法经济法代表团，参加在夏威夷召开的会。我当时作为代表团团长带了十多位学者参加了这个会。在夏威夷这个会上有一个美国教授向我提了一个问题。他说中国的法院有没有权力把当事人的合同、当事人的协议变更，认为当事人的协议不公平或者怎么样。这个问题把我考住了。我要说不行，恐怕那个时候法院很多是可以改的；我要说行，是不是人家又会说你们这个法院太专横了。这个时候我就想起来，我在教罗马法课的时候一个情况，所以在会上我这么说，我岔开了一点。我说我开始的时候是教罗马法的。罗马国家当时的法律，把合同、诉讼分为两类：一类叫作诚信合同，或叫宽法合同；一类叫作严格合同，或叫严法合同。严法合同，法院只能够严格按照合同里面的字来解释，不能够自己加上自己的意志。这种合同里面，只能按照当事人的严格的文字。随便举例来说，比如《威尼斯商人》，虽然那是后来的中世纪了。比如借了你的钱，说不还钱就割一磅肉，那个恐怕就是严法了。你不管合理不合理，写了一磅肉就是一磅肉，那没办法。还有一种作为诚信的合同或者诚信的诉讼。这种东西法院完全可以按照诚信来解释、来对待。我想说这个话，当时我是要说，恐怕从古代罗马法的时候，法院也没有说绝对不能变更当事人的协议。那就要看它本身是一种严法性质的还是一种宽法性质的；是一种严格性质的还是一种诚信性质的，有的叫善意诉讼、善意合同。我为什么要讲这个问题呢，是因为我很有感触。我的一个台湾的博士生，他非要写一个论文，写合同与道德。我说你怎么写这么一个题目？合同它本来只能说是一种诚信，你非要写道德。他还做过台湾律协的理事，现在已经50岁出头了。他说我在律师合伙里面伤透了脑筋。律师合作本来是应该建立在诚信原则的基础上的，现在变成了防小人防贼一样。我不知道我们有没有这个经验。我说你怎么会有这个经验呢？他说本来合伙人是我的学生，我给了他很多机会，合同里面我都不在乎，到最后发生了纠纷的时候，他合同一个条款一个条款来追我，最后搞得我毫无办法。我本来是当他学生，当他是君子来订了合同，我没有订那么详细。可是他到最后出了问题，拿条款一个个来抠我，搞得我毫无办法。所以他说现在我想讲，合同它当然也包括诚信也包括道德。他就讲合同为什么非要写到了跟防贼一样去制定呢？我想这个有一定道理在里面。合同本身按照我们现在来说，确实是希望合同里面规定得越严格越好，越周密越好，可是任何一个合同，尤其是在合伙人的关系里面，能够写得这么周密吗？能够把将来可能出现的一切问题都写进去吗？所以这个问题实际上涉及了一个很重要的问题就是，我们怎么样来对待合伙人之间的关系。如果要是从罗马的国家当时来看，合伙是一个最大的建立在相互之间信赖意义上的一种合作。合伙人大家共同来经营嘛。所以对于这个里面的一些东西，如何从法律上，从理解来说，合伙人之间建立了一个诚信的原则，建立一个相互之间真正信用的一个原则，这个问题现在看起来在中国是非常有必要的。我们国家现在民法典起草的时候，包括当时合同法起草的时候，曾经有人说我们现在的合同法里面缺少一个自古以来，世界各国、大陆法国家都有的，非常重要的一个合同——合伙合同。合同法没合伙合同。现在也有人建议，民法典起草的时候，把合伙合同写进去。当时立法考虑的是我们当时已经有了合伙企业法了，合伙企业法里面规定了合伙人之间的关系。但是我们搞律师的、学法的知道，合伙企业法是企业法，企业是国家登记、国家认可，所以企业法更多的是强制性规范，而合同是当事人之间的协议。合同本身不需要国家的认可和登记，合伙合同里面应该体现更多的是任意性规范，道德诚信的一些东西。所以从这个意义上来说，我们还仍然存在一个，合伙是放在主体法在主体里面去规定呢，还是合伙作为合同法的内容，更多的是当事人之间的权利义务关系，而不是说我和企业、企业和国家之间的关系。我想这从法理上来说，建立这样一个诚信的合伙关系，从立法角度也好，从律师作为一种合伙人的关系也好，是需要考虑的。

第二个就是委任与诚信。我们叫委托合同。我为什么要讲这个问题，是因为委托、委任又是律师里面所基于的跟当事人之间关系的一个基础。世界各国也把委任关系、委托关系看作是建立在诚信基础上的一种关系。是不是都能够按照合同法里面规定得那么详细？还是要按照诚信的原则来扩大来解释？有些就需要这样。我记得在古代罗马有这样一件事情。因为罗马法里面规定了一个罗马人不能够把他的财产死后赠给非罗马人，很严格的。他的财产不能够流失，不能够留给外国人。可是那时候为了把财产给外国人，就采取了信托的办法。罗马国家那时候就有信托了。但是当时这种信托完全是道义上的。我死后用信托的办法把财产给了一个罗马人，让他把他的利益给了非罗马人。信托财产的利益给他。开始这样的做法执行得不错。道德风尚很高。你委托我办的事情，你死后我一定给你办成。对朋友的委托、对他的嘱托，对人家临死前的嘱托都看成是神圣得很。逐渐逐渐人心不古了。你托了财产给我，你死了，你也看不到了，我把财产的利益给不给他也没有了法律约束，这种信托“市民法”没有保护，所以这样的话，我就要侵吞这个财产了。信托也是一种委托关系啊。虽然大陆法还不太一样。最后只能用衡平法的办法来解决。罗马法里面“万民法”也有衡平法，用这种办法来保护你。所以道德的沦陷，诚信的丧失，非要采取法律的强制的手段来约束。我想这是一个受托人和委托人之间的关系。除了这个以外，我们看到我们的民法通则在当时制定的时候，就有人争议，说我们国家民法通则里面有几个连带责任是不伦不类的，大陆法国家里面没有这种规定。比如规定了代理人和第三人串通损害被代理人利益的，代理人和第三人要负连带责任。这个东西很独特的。如果现在律师代理了，我跟第三人串通起来损害了被代理人的利益，我要负连带责任的。第三人明明知道行为人没有代理权还放任他代理了，也要负连带责任。我想委托关系里面、代理关系里面的这种连带恰恰是对于代理关系里面、委任关系里面的不诚信的一种惩罚手段。律师在这个问题上的诚信我看也要注意。我看到现在有一些律师确实是和第三人有某种方面的利益方面的相关，最后实际上是损害了被代理人的利益。北京仲裁委员会最近讨论了律师做仲裁员怎么样。我坦率地跟他讲，我觉得律师做仲裁员有优点有缺点。优点是律师有丰富的实践经验。律师当仲裁员解决案件在法理上、在解决问题的水平上是不容置疑的。我是完全相信的。但是律师做仲裁员也会有一个问题——相互之间的勾结。今天我委托我那个律师做仲裁员，我来当律师，下次你让我当仲裁员，你来出庭当律师。这种从仲裁委员会看不出。我聘任你、选任你当仲裁员有什么错？但是在选任仲裁员之间就会有问题。我想这是一个律师的诚信了。如果我做仲裁员我就没有交易，我不是拿做仲裁员来做交易。这都体现了在代理的过程中出现的问题。所以我觉得这是第二个问题，从委任，包括恶意串通、双方代理，包括代理活动中的一些私下的串通的一些问题。这是代理和诚信的密切的关系。合伙人之间是诚信，代理人和被代理人之间是诚信。

第三个就是广告招揽和诚信。现在律师也越来越多做广告了。做广告是无可非议。其他方面的广告也越来越多。我们现在的立法、司法进入到什么阶段呢？就是合同法里面规定五种东西是要约邀请：价目表、广告、招股说明书、招标公告、拍卖公告，这五种是要约邀请。这显然就没有要约的约束力。但是合同法里面又讲：广告如果具有要约的性质，可以算作要约。这个现在争论非常大。哪些广告可以认为是具有要约？不久前刚刚召开了全国民事审判工作会议，我看报纸上登了：商品房销售广告中，如果商品房销售广告中的内容具体明确，周边要有什么高级的学校，等等。而且这个商品房的买卖里面，具体的内容影响到商品房的价格，那么应该视为是要约，就应该视为是合同的一部分。如果你没有实现就是违约，这个已经是现在非常重要的司法解释了。这就已经把广告的责任大大提高了，你不能随便做广告了，广告不能内容虚假。如果这个广告的内容明确，又影响到商品房的价格，你写的是周围有高级学校，那我为了我的孩子上这个学校买的这个房子，所以这些哪怕我合同里面没写，也应该视为要约，也应该是合同里面就包括了这个内容。这是第一个非常重要的。第二个非常重要的我们可以看到，对招股说明书里面虚假陈述现在已经提起民事诉讼了，不光证监会给行政处罚了。现在招标里面的暗自沟通，虚假的招标行为也多得很啊，而外国公司为了做这个标书，花了很多的时间，结果你内部串通，现在人都要告了，那么广告虚假要不要民事责任呢？我说的意思并不是针对律师而讲，我是从我们的商业广告应当承担的民事责任这个角度说起来，广告本身的诚信现在越来越引起人们的注意了。它的欺诈、它里面的不真实，应该引起的不仅仅是行政责任，而应该是民事责任，而是不是应该有刑事责任那就是另外一回事了。现在律师做广告，我不说名字，还有人登了广告就说我来承办案子，还有人来找我，说你现在怎么又办案了？有的广告里面有类似的暗示，我专门做某个高院的案子，有些从审判员出来的或者怎么样，我这里跟法院的关系特别好，来招揽生意。我想这样的广告里面就会出现一些问题。这是第三个。

第四个就是涉及包揽诉讼、恶意诉讼和诚信的关系。包揽诉讼和恶意诉讼实际上是一种侵权行为。我们民法典起草的时候，对侵权行为这一部分的专家草案里面有恶意诉讼。这个恶意诉讼也包括缠讼，或者说这个恶意诉讼并不是以打官司为目的，而是以侵犯对方权利为目的，我借打官司为名来侵犯你的名誉。我打这个官司时说你这个人的名誉如何如何，借打官司来把你的名誉权侵犯。美国对于恶意诉讼有很明确的规定，也有很多有关恶意诉讼的判例。中国现在的情况肯定有。在立法过程中，也有很多人举出了不少例子来。当然也有恶意诉讼背后是由律师在那里主张的、挑动的。我们现在要不要写？大家可以看到，现在的稿子没写，没写不等于没有，没写不等于不能构成侵权。将来要不要写？确实存在这个问题。怎么来写，怎么来执行，怎么来掌握？你怎么知道他是恶意？你说他恶意，又不能把他的脑子切开来看他是不是恶意。恶意要用其他的表现来表现出来。客观掌握是难了一点。包揽诉讼的问题在有些国家是有规定的，你不能包打赢官司。我想这样的话，在诉讼的过程中先包揽了这个诉讼，本身就是侵犯了别人的一种平等竞争的权利。我把这个案子、这个诉讼先揽下来。我们现在在反不正当竞争法里面对于平等竞争只是写了一般的规定。对于律师诉讼中的不正当竞争，并没有写得很清楚。现在对于诉讼中的不正当竞争的问题，我下面还要讲一个不正当竞争的例子。对于包揽诉讼的问题将来应该如何规定，如何下定义，我是没想好。我只提出这个问题，包揽诉讼和恶意诉讼显然是一个最大的不诚信。那么这里面的问题应该怎么办。

第五个就是服务收费和诚信。我想服务收费和诚信可能又是一个比较复杂的问题。前些天看了一个报纸，有一个地方的一个律师收费超过了司法局规定的收费标准。司法局还是律协给他做了处罚。他告到了法院，最后法院的判决我印象很深、很厉害的，他说律师和当事人的自愿收费是合法的，因为他跟司法局或者律协规定的收费标准不一样，由此就认为他是违法行为是不对的。允许自行收费，这个协议是合法的。所以这里面上海怎么样，涉及全国的问题。这个判决一出来，律师高兴了。这个法院就是应该承认律师和当事人之间自愿地订立收费协议，当然这里面不能够有显失公平的内容。如果你有显失公平，有很不合理的内容，我可以按照民法里面的显失公平原则来要求撤销，如果你有欺诈、有胁迫、有重大误解，甚至乘人之危，我都可以告。人家当事人一个愿打一个愿挨，人家愿意。可能案子复杂，我认为需要他赋予更多的关注，我愿意多付他一点律师费有何不可？他能够打好这个官司，能够把命救下来不判死刑，我愿意多给他钱，这有什么不行啊？这个原则是应该确立的。我记得我刚当北京政法学院副院长的时候，司法部派我们到比利时去访问，那时候是 1983 年。到了德国的时候，问了德国律师协会，有两件事给我开了眼界。一个是一看礼拜天铺子都关门，就问他说礼拜天都关门就不方便了。他说大家关，你也得关，否则就不平等竞争了。当时我没想到。第二个事情是律师收费不能够低于规定的标准，高于可以。我想不通，低的话不是对当事人有利吗？他说不行，低了的话又是不平等竞争了，你低他也低，这对于律师行业就不利了。我说这又跟为人民服务的宗旨不一样了。而他从那个角度来看。所以我想从这个角度来看，我们应该肯定一点：这个协议收费应该是合理的，应该是合法的。所以我想从现在的情况来看，我们在收费这一方面应该建立这么一个原则。但是也应该看到律师收费不诚信、收费与付出的劳动很不成比例的情况存在，在按时计费时开错单的也不少。但是这里面包括以后纳税的问题。律师和税收的问题一直都有很大的争论。前些天我在开会的时候，我跟司法部律师司宫司长谈起来，说现在律师的税收要变革了，过去是按照毛收入，现在要按净利润了。这样的话，显然对于律师事务所的纳税又严格了。当时说律师的呼吁很高，希望向中央反映，向国务院反映，而这个问题恰恰是朱镕基在国务院工作会议上讲的。这些中介机构的人，律师、会计师事务所收费很高，和他们的纳税是不相称的。所以这个问题应该从纳税的方面严格管理起来。在这个意义上来说，也对。律师是高收入的，北京有些律师，年薪不止100万了，上千万都有，但真的纳税看来是很不相称的。将来这个制度怎么改，我们律师作为一种诚信，非常重要是面对一个税的问题。

第六个是不正当竞争和诚信。不正当竞争我这里没有包括前面这个问题，也是有一件事情有感触。某一个城市里面，非常好的律师事务所被别的律师所控告说他搞不正当竞争。理由是他资助了一笔钱给了法院建立球队，还由此表明他跟法院的关系相当不错，一块儿搞体育比赛。这个问题背后反映了很大的问题，也就是律师和律师事务所与别的律师和律师事务所靠什么东西在竞争，靠合法的手段、平等地竞争还是靠宣扬握有某种特殊关系来竞争。最后这个案子并不构成，但这是一个信息。现在确实有一些律师事务所心理很不平衡，觉得一些大的律师事务所和司法局有关系，和政府、和法院也有关系，他怎么人脉关系这么好？我们这些律师事务所就没有，或者说这里面的某些关系或多或少地体现了不正当竞争的手段。暗示一些东西，暗示里面诋毁别人。我看商业里面最大的不正当竞争就是诋毁别人。在公开的场合、私下或某种场合诋毁另外一个律师、诋毁另外一个律师事务所，说他们没能力、没本事、不能办这个案子，他跟法院没有任何关系。这些都已经构成了对他人的不正当竞争。反不正当竞争法在律师界的竞争越来越激烈的情况下，我们如何来注意这个不正当竞争，如何界定，如何采取措施来防止和避免这种不正当竞争，这显然在现在来说有很重要的意义。我过去遇到过这么一个案子。我们的一个老师转到了一个旅行社，后来整个北欧部的人跳槽，跳到了青年旅行社，连带的客户档案等等都走了。后来旅行社就向法院提起诉讼说这是不正当竞争，把我的人都挖走了。法院在这个问题上拿不准，究竟是正常的商业竞争，原来旅客对他比较熟，他换了旅行社，当然跟着他走了，还是构成不正当竞争呢？你明确地把人家的档案资料都带走了，但有些资料是在我的脑子里记住的，这个不能不带走啊。我们现在律师在这个方面一般问题不大，也很难说律师从这个律师事务所到那个律师事务所，我们现在的律师有很多是个人的经营。我的客户都是我个人的。但现在有些律师事务所越来越大了，客户也越来越多了，我是作为律师事务所里的一个雇员。国外的律师事务所里的雇员多得很。你也不是说我有我固定的案源和客户，我只不过是在这个公司里面任职，他的客户的资料都在这儿。在这种情况下，一个律师走了，我要把事务所里的某些资料或者商业秘密或者将来的经营方针带走了，构成不构成商业秘密的侵犯？构不构成不正当竞争？当然这些情况我们国家还比较少。

第七个就是虚假证明和诚信。我想虚假证明现在碰到得越来越多了，包括有些律师犯罪。广东惠州有个律师事务所就是这样，有家很大的上市公司，后来中央作为重点去查的，我还去论证过这个案子。最后结果来看，这个上市公司所给的资信证明、资本证明，验资的东西，其实都不是它的财产所有权，而是一个融资租赁的财产。律师因为做了证所以给抓了。当然现在验资证明的虚假，包括律师证明的虚假出现得越来越多。我想这个问题应该摆在一种什么情况下来看呢？我又同情又不同情，同情的是有一些确实是无辜的，但我们应该看到律师里面，我拿我所看到，包括一些验资证明、上市的种种信息披露确实是有不少假的，而这些假的东西律师是签字的。（**这似乎**

是）市场经济里面出现的很多见的现象。我为什么要跟大家讲这个问题呢？我们看到美国公司丑闻这次表现出来的问题。美国为此搞了一个法案。前不久我们跟经济学界讨论了这个问题。美国最有名的会计师事务所出的验资证明都是假的。证券分析师的报告都是假的，高级管理人员里面有假账。所以我们可以看到：虚假现象不仅造成东南亚经济危机，而且现在也是美国公司的丑闻，这是个普遍现象。我们不能够否认这个东西。既然公司有虚假、账目有虚假，会计师事务所有虚假，律师就必然有虚假，这有什么好奇怪的，这一点我说我不能同情。这是你明知故意的，应该说是事实。所以在这个意义上来说，你应该看到你所应该承担的责任，不仅民事责任，有些情况下的刑事责任各国也都有。因为律师所见证的也好，你所开具证明的材料也好，真实、对法律负责，这是律师起码的诚信，起码的义务。你违背了这一条显然是故意的，当然也有个别不是故意的。所以，对于虚假信息里面所产生的责任是个问题。

最后一个方面，第八个，是忠实勤勉义务与诚信。为什么要讲这个问题？因为我讲公司法。世界各国尤其是美国，对于公司的高级管理人员，甚至包括公司的中层管理人员乃至雇员，他有两条最起码的义务：第一是忠实的义务，你不能为自己谋利，这边当公司经理，自己再开一个可以竞争的公司，忠实于公司的利益是公司法里面很重要的；第二就是勤勉义务，你要尽到应有的注意的义务。公司法里面讲了公司和他的职员也好，雇员也好。律师和他的客户是代理关系，但律师作为一个受托人，从民法角度来讲，受托人对于委托人所委托的事务也要做到忠实和勤勉。我想忠实就是要为了他的利益，你不能和第三人恶意串通。勤勉也很重要。有些律师确实拿到案子以后就不那么勤勉了，拿到案子以前勤勉极了。勤勉到让人绝对相信，按照这么一个勤勉程度是绝对没有问题的。可是一拿到案子以后就不勤勉了。一个人的信用是由他的长期的、每一件事情里面积累而成的。你在这个案子里面没有尽到勤勉，马马虎虎搪塞过去了，实际上在你自己的信用记录上已经画上了一个污点。一个污点已经造成了影响，多次的污点形成了一个大块的污点。人生的旅途上，你要做一辈子的律师。社会对于你如何履行你的义务，对于委托人的义务、对于社会的义务、对于法律的义务、对于国家的义务，你究竟表现如何，就构成了社会对你的评价。

最后，我就希望我们上海的律师能够在信用的问题上，从法律上、理性的角度去认识，也从自己一辈子的职业生涯里面感性方面去体会，或者从国家的法制建设，国家的命运角度去考虑。我不久前去了深圳，深圳的人跟我说，中国现在最不守信用的城市是汕头。深圳市调了一个市委副书记到那儿当市委书记都挨打了，说那儿简直一点信用都没有了，没一样儿是真的，我没去过，说那个地方现在已经到了就靠不诚信还能赚点钱，一旦诚信就没钱了，我不知道那儿是不是那么假。如果像人们说的，一个城市到这样了，一个省对外没有信用了，国家没有信用了，一个人、一个律师都没有信用了，那这个社会就存在着最大的危机。所以中国现在最大的危机是信用的危机，过去讲的是信仰危机，信仰危机就是对于马克思列宁主义信仰的危机。信用危机是商业领域、政治领域和市场领域，我讲的是市场领域的信用危机。上海的律师仍然是全国的榜样。我只不过就这些话寄望于我们的上海律师，上海的律师的信用总的来说还是很好的，就是希望你们能够做得更好！

（根据江平教授2003年4月13日应上海市律师协会之邀所做讲演的录音整理，由《中国律师》刘桂明主编提供，特此致谢）

辑二 随笔

- 法律职业人的底线
- 中国律师的环境与资源
- 法律人的「守」与「变」
- 维权乃律师天职
- 律师的思维

法律职业人的底线

每一次给律师演讲，我的内心都很矛盾，总是想用激情来讲，但有时候又觉得题目讲多了，还有多少吸引力？我给律师做过很多次演讲。我自己认为在“中国律师2000年大会”上那次演讲印象最深刻。当时，我呼吁中国律师要走向政治。我认为，我们国家的律师使命就是进入政治领域，为国家、为社会做出更大的贡献。

本次青年律师论坛的主题是“青年律师的使命和未来”，但我演讲的是“法律职业人的底线”。不知道会不会给青年律师造成一个印象，你怎么越讲越低了？过去讲社会的使命，现在讲到底线了！是不是觉得对律师的要求越来越低了？再一想其实并没有什么，我们现在讲底线十分有好处，海峡两岸谈了底线之后双方都行动起来了，我们的反分裂国家法也已经出台了。在这个底线的基础上，我们激发了很多的东西。从我自己走过的人生道路看，讲底线还是十分有好处的。我们在座的青年，刚从大学毕业进入社会，进入律师行业，需要讲讲职业的底线。

我比你们年长半个世纪。半个世纪回眸，有很多人生的总结。你们是刚刚进入社会、进入历史的人，我们是要走出历史、走出社会的人。我回过头来看自己的人生，最重要的是，一个高线、一个底线。每个人的人生都有一个定位，如果把自己的定位定得比较高，最后做不到，可能就会感觉很失望。如果把自己的定位定得很低，可能就会认为自己没有什么理想和志向。所以我觉得人生的两条线很重要，首先是高线，这是理想，是自己的奋斗目标。同时人生还有一个底线，这个底线是不能跨越的，你跨越了就可能落入万丈深渊，就可能使你身败名裂。如何把这两条线把握好，可能是每一个人都需要思考的问题。我认为高线是催人奋斗的目标，底线应该是一个守成的目标。如果低于这个底线，就可能愧对人生。在某种意义上说，这个底线可能是道德的底线，也可能是理想的底线，还可能是生活方面的底线。

我想，在不同的历史时代，不同的职业，不同的人生，可能有不同的要求。你们没有经历过我们所经历的年代，我们那个年代很多人的底线就是说话要小心，说话有底线。什么话能说，什么话不能说，这是最重要的底线。

一、法律职业人的理念底线

今天我就从三个方面谈谈我自己的看法。我讲法律职业人的底线，第一个是理念的底线。法律人的理念要从两个方面谈，我在大学从事教育多年，这么多年我给自己的定位是用法律教育人，除了北京政法学院关门那段时间，我一辈子就在一个单位，就一直在中国政法大学。青年学子，从学法律的大门出去以后，往往感觉理论和实际不一样。也可以说，认为学校学的东西，和中国实际的情况相差甚大。甚至有人怀疑，到底学校学的东西有没有可信性？学校学的东西应该怎么看？对这个问题我也经常感到很困惑，因为大家知道我们在学校教书育人始终秉承一个理念，我们不能误人子弟。对于理论和实际，我们一直有不同的两种看法，没有正确的理论就不能指导正确的实践，这是以前学马克思主义时经常说的，同时我们看到还有更重要的，德国诗人说理论是苍白的，实践是常青树。对这个理念，我觉得应该这么看，可以肯定地说，理论本身有正确的，也有错误的。学校所教的这些东西、所学的这些知识，有正确的，也有过时的。那么对实践来说，也应该说，其本身有正确的，也有错误的。有一种观点我不敢苟同，说是我们书本上教的东西是脱离实际的。我为此与他们争辩，我们学校里教的东西怎么能说是脱离实际的呢？我所讲的民法通则也好，公司法也好，都是法律规定的，法律的东西有一些落后，有一些不符合现实，需要改进，但我们不能把法律上规定的东西都认为是错误的。所以在这个意义上说，我们从学校毕业的学生，应该坚信：当发生了理论和实际不相符的时候，我觉得我们应该有一个底线，这个底线就是应该知道哪个是正确，哪个是错误的。我们现在有一个严重的危险，在实践中不敢坚持正确的东西，不敢理直气壮地说哪些正确哪些错误。本来我们认为不符合法治社会应有之意的东西，在这些东西面前，往往不敢坚决反对，却越来越随波逐流，越来越习惯这样的东西。有一次我到一个法院，问我们年轻的毕业生如何。他们回答的有一些意见我很高兴，有一个反映却让我最痛心。他们说现在有一些年轻人，比年长的法官也好，律师也好，要黑得多，胆大得多。这对我这个教育人的人来说是痛苦的。在学校学得很好，一到社会之后就比别人黑得更厉害，年长的不敢做的，他敢做。因为年长的有一定的底线。

我为什么在这个论坛上提出，因为我过去也讲过律师的使命感、律师的社会责任感。有人就说，你说了半天的使命、理想，我连饭都没有吃饱呢！我看到会议材料上，有一位青年律师说，明天的早餐在哪里？你们这些老律师已经拿这么多了，我们青年律师却不知道明天有没有案子。尤其在西部一些地方，感触最深。律师在东部和西部不完全一样，东部有一些律师已经走向富裕阶层，而西部还有很多律师为生存而奔波。他说，我没有社会保障，完全靠自己奋斗。这个话当然也可能有另外的解释，可能等你饭吃饱了，发现房子还没有，谈什么理想？我们可以看出来，现在确确实实有一部分律师，在为生活而奋斗的时候，出现了不择手段的情况。我认为，为生活奋斗可以，如果为生活而不择手段，就丧失了一个底线。我写过一篇文章，谈到了学者型律师的问题（当然，我说明一点，我并不是主张所有的律师做学者型的律师）。我认为，我们真正从学校出来，受过正规的教育，甚至有的是硕士、博士，应该以做一个学者型的律师为目标。作为学者型律师如果有三点能做到就了不起：第一，在学者的领域和律师的领域都有成就，我们有不少人在学校里做老师，也做律师，做老师做得好，做律师也做得不错；第二，学者型的律师应该是真正拿理论来指导你的实践，你办的案子，都经得起历史的检验，经得起理论的检验，你有一个理论的功底在那里；第三，学者型的律师应该能把实践中的经验总结成为理论，上升成为理论，并推动我们国家的理论的发展，推动我们国家立法发展，并促使修改我们国家落后的立法。我说做到第一点就不容易了，如果做到第二点就更不容易了，如果做到第三点，那就是难上加难了。我们律师的实践，应该在正确理论的指导下。如果我们真正觉得实践中有一些好的东西，就需要总结一下。有一些律师事务所拿出了不少文章，也办了杂志，我认为有一些律师的文章确实很有水平。

我上面的意思说的是高线，如果我们学者型的律师，能做到这么一个高线那真是了不得，能推动我们的立法工作往前发展，这对国家的贡献非常大。如果你做不到，说明你至少在实践中屈从于不正确的做法，屈从于某些有权力的人的指示，屈从于一些不好的做法。对这些丑陋的习惯，我们应该如何看待？所以我认为在理论和实践的关系中至少要有一个底线，心中要有一种良知，要有一个准绳。大学所学的知识，总的来说，应该是指导我们实践的一个准绳。我们不能在实践中看到一些违背我国法制建设的事情，就随波逐流，这是我从理论和实际的层面所想到的。第二个层面的问题就是理论和现实的问题。理论和现实有很大的差别，我们追求的民主也好，人权也好，到了实际中，到了我们工作中，就会发现，和我们实际的情况有很大的差距。所以在这个问题上，我觉得一方面我们要承认，中国的法制建设确实有很大的进步。我常说 25 年来我们中国法制在进步，如果拿我们的眼光来看，这 25 年简直是翻天覆地的变化。25 年前可能是反革命罪的言论，今天是自由的言论。现实中有很多问题亟待我们解决。所以在这个问题上，我总是讲，要有三个看法：第一个看法是，中国的法制建设必然是曲折、进步的。所以我在上次合肥举办的“第四届中国律师论坛”上的演讲中认为，中国的法制社会进两步退一步，我们不是一直在前进，我们前进两步可能要退一步。说我们一直都在进步，我不相信，说我们在退步，我不相信。律师作为法制建设过程中的一个栋梁、一个中坚力量，人权问题是进还是退，民主建设是进还是退，舆论控制是进还是退，每个人都应该有一个判断。一个人如果这些都不能判断，他就太简单了。第二个看法是，在中国百年法制进程中，我大胆地提了一个看法，我说中国百年的法制可以概括为一句话，中国目前的法制仍然是鸟笼法制。当然你加引号也好，不加也好，关系也不大。这个鸟没有鸟笼，也飞不到哪里去。中国的法制有一个边缘、有一个禁区、有一个区域。在这个区域是可以做的，超过这个区域就不行。在这个意义上说，中国的法制建设，在现在有可为的，有不可为的，有现在能做到的，也有不能做到的。哪些在当前法制建设中可以做到，哪些不能做到？我们的目的仍然是把这个鸟笼子做好。我们今天的法制建设在这个层面，已经比过去大多了。第三个看法是，中国的法制建设有相当多的一面是自上而下的推动，但很多又是自下而上推动的。从这个意义上看，这个推动，离不开在座的每一位律师的努力。如果大家都不去推动，社会就没有什么发展。我们对中国法制建设应有这么一个理解，知道哪些可为，哪些不可为，我们尽自己最大的努力去推动。

现在不仅仅是律师们，包括法官们，包括立法工作者，经常谈到这样一个问题，存在问题的时候，有弊端的时候，最客观的话就说是体制造成的，腐败就是体制造成的，而不是个别人。我想在这个问题上我们往往过多地把这些弊端归结为体制的问题。我完全同意是体制的问题，但把所有问题都归罪于体制弊端往往就不一定正确。现在法官和律师不正当的关系也是体制的弊端，如何看这个体制的弊端，在体制弊端面前我们的能力问题，这就是我讲的理念底线里面的第二个问题。

我们讲社会主义制度需要弥补存在的哪些缺陷，并不为过，我们可以不断探讨不断研究问题。但是我们应该说，在体制面前，无论是年长律师，还是青年律师，在这些问题面前我们不能都无能为力。所以我认为，我们不能在是非面前没有原则，面对实践中的一些问题我们不能不分好坏，不能无原则地认可，也不能借助任何遁词，仅仅以制度造成的作为理由，说我们无能为力。在法治社会里，我们谁都不能说自己无能为力。我们在中国法制建设这么一个目标前面，去做逃兵是不对的。在"中国律师 2000 年大会"上，我呼吁律师参与政治。参与政治是关心政治，不等于干预政治。参与政治使我们律师能够成为国家政治生活里面的一股力量，一股不一般的力量，将来会越来越有举足轻重的作用。我不鼓励我们的律师不去养家糊口，而都去参与政治。但我们的律师也不应该只关心挣钱，只关心自己20亩地、一头牛，关心自己的眼前利益。我们在土改的时候，经常说要去关心20亩地、一头牛，现在则是关心200平方米的房子、一辆车。我们学法律的人对于政治体制中的一些问题，担心一些地方有敏感性，而不敢去关心。但我认为我们律师应该比其他的人更有义务去关心，也有权利去关心这些问题。因为你是国家的一分子，因为这是你的责任。我们律师不能只是守成为自己，对于我们国家政治建设的情况不关心，这是我讲的第一底线，理念的底线。我讲理念底线的时候，提到了高线。我们要力求做到高线，而不能低于这个底线。

二、法律职业人的职业操守底线

第二个底线就是职业操守的底线。朱镕基总理曾经给国家会计学院题过一句话叫“不做假账”，我认为这句话是一针见血。有一次我到国家会计学院开会，发现那句话前面还有三句话。前三句话说的就是高线，是会计对社会的责任，而最后一句话“不做假账”就是底线。培养一个会计师最低的底线是“不做假账”，说明你的职业操守就是底线。医生也应该有底线，如果医生借医术去杀人，他就是犯法的，医生的底线就是救死扶伤。从这些例子中我们可以看到，我们无论做什么事情都要有底线，这是属于职业道德的范畴。做任何事情都不能不择手段，你要不择手段就会出问题。苏联有一个医生杀人事件，严重威胁到苏联领导人的生命安全。领导人为什么怕医生，我想正因为医生最懂得医术，才懂得怎么杀人。正如会计师因为懂得账目，他才知道怎么做假账。同样的道理也体现在学法律的人身上，因为学法律，他们才知道怎样规避法律，甚至达到违法的目的。这个问题归纳起来，就是哪一行都有人利用自己学的知识，做别人做不到的事情。我过去曾经听说过，律师在案件里面就是要生非。如果天下太平了，就会没有任何纠纷，律师也就没有存在的必要。有时候律师希望有更多的争议，由此可以得到更多的利益的现象还是存在的。过去说知法犯法罪加一等，我学法律的时候也听过这句话，却不知道到底怎么理解，是执法犯法罪加一等，还是知法犯法罪加一等？其实我们律师很难说是执法，法官才是执法，律师是最懂得法律的，应该归为知法。知法犯法是不是罪加一等法律并没有规定，但学法律的人应该特别谨慎，不能做法律禁止的事情。因为医生懂得医术，所以他最懂得用医道杀人，只有踢好球的球员才知道踢假球。我每次给入学的新生演讲都会告诉他们，我们学法律的人有一条底线就是不能知法犯法。

我曾经说过有两种律师很了不起，令人佩服。一种律师是把本应该是白的，但是别人说是黑的人，通过律师的辩护，律师的努力，恢复他的原意和他本来的面目，这个律师了不起。人家说他杀人，他实际上没有杀人，律师证明了他没有杀人，确实匡扶正义。还有一种律师，本来是黑的，他说是白的，人们也相信是白的，这种律师也了不起。有句俗语叫作“拿人钱财，替人消灾”，对于律师来说也是如此。我有一个博士生，是在台湾出生的，后来加入澳大利亚籍。他写了一篇关于信托的论文，其中举了一个香港的案例。有一个名列前十名的富豪死了，本来应该缴高额的遗产税，但他生前请一个律师替他做了15个信托文件，遗产税一分都没有缴。香港政府不干，提起诉讼。一审香港政府胜诉，二审香港政府还是胜诉，三审香港政府败诉了。法院判决认为这个律师所做的十几个文件都没有违法，任何一个都没有问题。我认为这个律师所掌握的信托法知识应该很广很深，他把信托法学得很透、很彻底，他通过15个信托文件一步一步解决这些问题。按内地的说法，其实这个律师就是在逃税，我们也可以形容为以合法的模式掩盖非法的工作。我们不能说这个律师的动机是逃税，但是我们不可能不承认他没有做任何违法的事情。他不是依赖伪造证据获得胜利的，他是靠法律知识来胜利。所以这点上，我们应该看到，我们不能拿昧心的钱，律师最低职业操守就是不能拿昧心的钱。我们不能去挑起争讼，本来能很简单解决的事情，却利用当事人不懂法律来谋取利益。我讲这番话仍然是一个高线和底线的关系，即使你不能够当一个法治战线的战士，至少你也不能当一个逃兵。即使你去当逃兵，你也不能向你自己的阵地开枪。阵地是指法治的阵地，法治不是抽象的东西，是一些法律和规范。每个律师在这条战线上做可以做的，不做不可以做的，是我们应该秉承的职业操守。

刚才讲到逃兵，讲的是麻木不仁的人，对这个问题我非常痛苦，我有时候也为我自己的麻木不仁感到羞愧。我们搞法律的人，有帮助弱势群体的使命。我的办公桌上经常有来自各地的信件，从里面讲的情况、写的内容来看，基本上是真实的，有的写着因为没有钱，所以没有贴邮票，请邮递员务必送到。我有什么办法和能力呢？我能转到哪里去？世界上有很多不公正的现象，你不能当包公，你管不过来。有的信拿到手，又同情，又无能为力。人权受侵犯，权利受到压抑，中国有很多这种情况，但是我无能为力。无能为力也好，麻木不仁也好，我们只是需要在这些问题上有所保留，我讲的第二个底线就是这么一个底线。

三、法律职业人的生活准则底线

第三个底线是关于生活准则的底线。这个底线是什么概念？

为什么提这么一个问题？我无论走到什么地方，律师都会告诉我他们处在生活最紧张的时代。我到律师事务所去参观，有一些现象给我留下了很深刻的印象。据说，在规模较大的律师事务所里，刚刚被录用的青年律师，只能在一个小方桌前工作，晚上还要加班，很累。中青年更是如此，30 岁左右的年龄，有了孩子，上面又负担着老人，自己工作十分繁忙，又有很大的竞争压力。现在的法律高等院校已有近 430 家，有大量的学法律的毕业生，这些人出来做什么？要做律师却很难，因为司法考试很难。司法考试难度提高，进入律师界的人水平就高。司法考试如果再难一点，考上去的人的精英度就更高一层，所以有越来越多法律精英进入律师界。有的律师是因为自己愿意干，而有的是不愿意干却不得不干。从中国现在的情况来看，律师的生活压力确实比较大。能有很好的休息时间或者能有休息假日的情况很少。在这种情况下，我们如何坚持在生活准则上的底线？现在的律师很少谈论生活的问题，这些都是私人自由、私人领域。我觉得我们当教授的和你们当律师的，至少有一个很大的共同点，我们都是自由工作者，从国际标准看我们都是自由职业者。我们不是公务员，我们是按照自己的意志劳动，为自己创造牌子。从这一点说，作为自由职业者，有共同的苦衷，因为创造的是自己的牌子，不像公务员，是这个部、那个委的。教授教课好不好是自己的事情。我曾经看过一位青年律师写的一篇文章，说律师要走遍千山万水，想尽千方百计，历尽千难万险，说尽千言万语。我认为我们教授也要历经千难万险，也要跟你们一样说尽千言万语。

还有个问题，就是关于双重人格的问题。我讲的双重人格有三个不同概念。

第一种人格是，一个人在这个时候说一套话，在那个时候说另一套话；在这个地方说一套话，在那个地方又说另一套话。这种情况太多了，有的成为政治生活中的变色龙，这是我们见到的第一种人格，即人格的扭曲，或者叫人格的异化，双重的人格。第二种人格就是我们很常见的对人和对事，说的和做的不同。第三种人格就是我们揭露出来的不管是贪污犯也好，杀人犯也好，在工作上极其出色的，在自己的生活上完全是另外一种态度，人们所说的在工作中和生活中不一样，在生活中在家里可能打骂妻子，他在社会上却有很高的评价，这个社会中此类人越来越多。所以我们可以这么说，第一种是政治上的双重人格，第二种是言行方面的双重人格，第三种是工作和生活中的双重人格，都被称为双重人格。工作压力越大，越要工作表现好，往往在工作中遇到的事情，在生活中通过另外一个渠道发泄出来。工作要让上级称赞，别人表扬，我要做好，才能维持这个饭碗。这样会导致精神的压力过大，靠什么发泄？在这个意义上，我们在生活中保持一个底线，就是做一个表里如一的人，做一个诚实的、助人为乐的人。律师于本质应该是助人为乐和诚实的，律师职业本身应该表里如一。你在工作中要求如何，生活中要求也如何。不能在工作中定位很高，生活中定位很低，有时越是高层的人，往往越享受低级的趣味。我们律师作为一个高层次知识分子，所有的律师都是大学毕业，所有的律师都受过法学教育，但我们有一些律师，尤其青年律师，连这一点起码的底线都没有，热衷于比较低级庸俗的事物，靠这样消遣自己的生活，更不用说读一些书，追求更高层次的境界。我希望在生活中，要保持这么一种精神，表里如一。

今天，我的演讲跟本次青年律师论坛的主题可能有一点不同。论坛的命题是使命，而我却做了一个关于底线的演讲。我想使命和底线应尽可能地结合起来，我们尽量朝使命方向奋斗，每个人把握自己的底线。跨越这个底线是不可为的，跨越这个底线人生就没有什么意义，就可能身败名裂。所以，我们应有一个底线的意识，同时，我们应该还有一个使命感的认识。

（原为2005年6月15日江平教授在北京
第二届中国青年律师论坛上的演讲）

中国律师的环境与资源

我这个人每次给律师讲课之前要特别深思，如果让我讲合同法、公司法、物权法，这个没问题，但是涉及有关律师业、律师资格、律师道德、素养这样一些问题我是非常小心的，一方面要看自己肚子里有没有东西，另外要看有没有一吐为快的感觉，如果觉得有一吐为快的感觉、有激情，就能讲，最后下决心我还是讲了。

十年内我给律师做过类似的题目，我回顾一下我可能讲过五次，第一次大概在十年前北京律师协会上，我给律师讲了“做人与做律师”，后来在《中国律师》杂志上全文发表了；第二次是在天津，我印象很深，讲的是律师的社会责任；第三次我认为是给律师发出了一个很重要的信号，在“中国律师2000年大会”上我提出律师要走向政治；第四次是在北京律师协会讲的，受一位法学教授的启发，我就讲了像法学家那样思考；第五次我在上海律师协会讲了律师和诚信，也被称为“四面八方说诚信”。今天斗胆地又给大家选了一个题目，叫“律师的环境与资源”。

我为什么讲这个题目呢？我是从我们现在的环境、资源对人类发展的重要性考虑的，我觉得人认识到环境、资源的重要性现在到了一定的高度，人类要生存，离不开环境，人类要发展离不开资源，同样律师要发展，如果他的生存环境被破坏了，他的生存条件就要出现问题，同样律师发展也需要有更多的资源，没有资源他也无法向前发展。在这个意义上说我选择这个题目，和论坛的主题大概有点挂钩，行业的发展与事业的发展，其实我这个题目更多的是想来思考如何正确地认识和对待律师的环境和资源。

一、认识事业的发展从认识环境开始

我有一个感触，我觉得认识一个自然现象比认识人还是要简单一些。我们认识别人和认识自己相比，恐怕认识别人比认识自己更要容易一些。我想认识客观世界和认识主观世界，认识主观世界难；认识物质世界和认识精神世界，认识精神世界更难。在这个意义上来说，认识我们律师事业的发展首先应从认识自己开始，如果对自己都没有一个很正确的认识何谈认识别人，何谈来认识一个客观世界呢？我想起了德国很有名的一个法学专家叫拉德波拉克，他是德国一个很有名的法理学家。

我们过去很多人爱引用美国律师、美国学者的话，今天我也引用一段这位德国学者的话，他是这么说的：只有那些具有内疚之心的法律职业人才能成为好的法律职业人。我很欣赏这句话，能够成为好的法官或律师，首先要具有一颗内疚之心。内疚之心就是永远觉得自己还做得不够好，永远觉得自己离社会给自己的目标、历史给自己的责任、当事人赋予我的期望还有距离。我想，一个法官如果经常有内疚之心，恐怕这个法官的工作才能够逐渐地趋于完善；如果一个律师经常有这样的内疚之心才能使自己的工作符合法制的要求，符合当事人的希望。我觉得如果任何一个职业都要求具有内疚之心的话，从事法律职业可能更加需要有这样的内疚之心。内疚之心也就是时刻反省自己，内疚之心就是在晚上睡觉的时候要扪心自问，我之前所做的事情，我今天所做的事情是不是对得起自己的良心。

回顾一下我这一生，有时候觉得有一句话很有意思，就是人贵有自知之明。我说律师是贵在有自知之明，要知道自己有哪些优势，自己有哪些劣势，自己有哪些优点，自己有哪些缺点，自己要知道自己作为律师本身会出现哪些职业病，必须看到自己面临的主观条件和客观形势究竟有哪些是可以达到的，哪些是不能达到的。在这种情况下，如果我们对主观和客观的认识能够更切合实际，可以减少不满、牢骚，或者某种行动上的不正常。

昨天《新安晚报》来采访我，问：现在的律师环境太差了，有的律师说现在是法外有法，难上加难，您怎么看呢？法外有法实际上是法外有权，难上加难这是面对现在法制环境的一种哀叹。一个人拥有巨大权力的时候，他往往就会利用自己的权力来玩弄权力，当一个人手中拥有巨大财富的时候，有的富豪们就会利用他的财富玩弄他的财富。同样也可以说当一个法律职业人手中拥有法律这个武器的时候，有的人也甚至会利用法律玩弄法律。因为只有你能很好地懂得法律，只有你能够很好地掌握法律的时候，法律就不仅仅是你谋生的工具，可能也是你唯一能够行使的或者利用的权力，我想这个问题应该说是一个规律。这个问题谁也不要回避，也不是只对掌权的人。在这个意义上来说，可以看到自己拥有专门的法律知识既是一个优势又是一个危险的东西，优势是我们取得了这么一种知识，这种知识不是一般人能够取得的，在美国要花很多学费才能取得，律师执业时必须把它赚回来，这也是正常的。但是一个人花这么大代价所得到的知识，有这样的权力，有这样的能力，也会来滥用这种东西，这也是人之常情。有一位经济学家在谈到法律的时候拍案，愤怒得很，一是说，有些法律是恶法，是欺压老百姓的法；二是说，你们这些搞法律的人是以法谋私。当时我心头一震，怎么是以法谋私呢？但细细冷静下来看，他的话很有道理，当权的人以权谋私，有钱的以钱谋私，为什么你手中掌握法律的法律职业人不会以法谋私，法官为什么不可能以法谋私呢？律师为什么不能以法谋私呢？甚至像我这样以法律为职业来教书的人都可以以法谋私，应该说这是一个谁也不能回避的现实的问题。我想要使律师职业的环境更好，要净化这个环境，首先要认识自己职业的特点。这种职业的特点里面有我的优势，而世界上事物往往就是这样，优势的一面就是劣势的一面，你所掌握的享有的比别人多的东西恰恰是可能出问题的地方。

有时候，我又觉得人有时很聪明，有时又很愚蠢。人从猴子变成为人类以后，征服了所有的动物界，可以把所有的动物残杀，人真正成为了世界的主宰者，任何其他动物都可以由人来支配它的生杀予夺的大权，到最后我们又认识到了如果我们把所有其他的动物都消灭后，我们自己也就失去了生存的环境。人为了要征服敌人也想出各种办法，从生物武器到原子武器，想方设法地制造出大规模的杀伤性武器，但到了最后，人也意识到了越大规模的杀伤性武器到最后消灭的是他自己，消灭的是整个人类，现在又要禁止这样的大规模的杀伤性武器。为什么讲这个问题？是要说明人对于环境和资源的认识确实是经过了一段过程，到现在认识到了环境的重要。人为了能够生存往往不惜一切地掠夺资源，不惜一切地来破坏环境，在今天我们也会面临这个问题，我们现在已经越来越认识到了自然界对人类破坏环境、资源掠夺的惩罚。在律师业里面是不是也面临着我们对于环境和资源不给以足够的重视，我们会不会遭到环境和资源的惩罚？这是需要我们很好思考的问题。人往往是这样，当他为了要获取某种利益的时候，他急功近利，为了实现自己的利益，结果他破坏了自身长远的生存条件。

我认为律师业的环境就是法制环境，只有当法制环境好了，才有律师自己生存的条件。过去我们长时间里没有律师，20 世纪 50 年代初有律师，为什么到 1957 年就没有律师了，为什么一直到 1978 年、1979 年才恢复，为什么我们有 22 年的时间没有律师呀？因为我们根本没有法制，所以根本不需要律师。如果没有一个好的法制环境，没有法制的氛围，律师本身就不存在。今天我们有了自己的法制，有了这样的环境才有了孕育律师的土壤，有了律师的环境。以前说国家兴则律师兴，或者说律师兴则国家兴，今天也可以反过来说，一个律师直接和法制有着最密切的联系。

二、构筑良好的环境从自身做起

中国的法制环境究竟如何？我们可以说律师和法官的看法

不一样，法官跟领导的看法不一样，领导跟学者的看法不一样。对中国法制的现状如果做一个民意调查的话我想很不一致，有的说中国现在的法制情况很好，有的说中国的法制情况很糟糕，到底怎么样？我认为对于法制状况的了解我们得有一个标准，看跟谁比。跟“文化大革命”来比，那现在我就非常满足。但如果仅和过去来比，那中国就不能往前看了。也有人和西方发达国家来比，觉得我们法制建设还差得非常非常远，这个也不行那个也不行。恐怕也不能一切都拿来跟外国比，有很多东西没有可比性，历史发展的过程是不可比的，本身应具有的客观标准是应有可比性的。但是我觉得有一条的相比应该是可以肯定的，法制是上层建筑、法制是民主政治国家的治理环境，那至少可以和国家的经济相比，法制发展的程度和经济发展一致，这不算是过分的要求吧。中国的法制比起经济发展有很大的差距，经济发展比较快，相应的法制建设较慢，或者说我们应该坦白地承认经济体制改革发展得比较快，而我们政治体制改革包括法制建设的发展是滞后的。

另外，我们也要反思一下，20 多年改革开放以来，我们总结一下中国的法制建设是循的什么规律？我们律师起什么作用？我认为中国律师的发展无非是循着三种规律在前进。2003 年，吴敬琏先生在法律经济研究所召开年会时说了一句话，我很受感动，很有感触，他说：“我们这些人在改革开放的时候有一个天真的想法：认为中国只要有了市场经济，中国经济的一切问题就解决了，但20多年过去后，我们觉得只有市场经济不能解决中国经济的一切问题，仅仅有财富的增加并不能解决问题。”所以他提出来市场经济有好的市场经济，也有坏的市场经济。在闭幕时我说了一段话，我们这些搞法律的人，在改革开放的时候也有一个天真的想法，经历了20多年法律虚无主义之后，我们认为，只要有法律就可解决国家治理的问题了，但25年过去了，我们感觉法律有好的也有坏的，法律有善法也有恶法，只有追求法治才是我们的目标。就像我们不能只看宪法，宪法有好有坏。我们的律师要懂得中国现在仍然有善法和恶法之分，这是前提，你要认识到，法治是我们追求的目标，但法律本身就不要太迷信了。任何一个社会的法律在发展过程中必然是有两个，一个是促进经济的发展，有的阻碍了，有的可能限制了剥夺了老百姓的权利，有的可能给他更大的权利。律师很重要的一个职责是拿出你的意见，更好地促进法制的发展，更多地对那些恶法提出意见。在法制环境中“春江水暖鸭先知”，法律中到底哪个好、哪个不好、哪个需要改进、哪个需要完善，律师应该先知，法官应该先知，我们这些教授是后知啊，因为你们从事的是实践工作。如果律师对于中国法制环境的发展，对这些善法恶法不分，没有敏锐的洞察力，这样就会使法制的环境恶化，这是你的责任。第二个，我提出中国法律制度的发展、中国法制的完善既有自上而下的这样一种促进，也有自下而上的推动。比如把“依法治国”写进宪法，最后还是“上面”同意写进去了，没有“上面”的首肯，我们有一些东西做不了，但是我们有很多东西是自下而上，而自下而上的推动往往与社会的舆论、报纸、学者、律师的推动分不开。孙志刚的案件促进了我们人权的发展，我们把国务院 1982 年的收容遣送制度废除了，这就促进了把尊重和保护人权写进宪法，这也是大家努力推动的结果。搬迁不合理的补偿、农村土地低价的补偿，那也是在大家的推动之下，使土地征收、房屋拆迁等补偿趋于合理。在某种意义上来说，中国法制的发展更多的是需要自下而上的推动，只有形成了民众的力量，社会的舆论、专家的支持和实际工作者的推动才可以。我们知道孙志刚案件是三个博士生上书全国人大常委会，要求全国人大常委会行使审查宪法的权力。人大常委会权力比较多，是不是专门来搞这个？不是，那至少已经有人提出了。河南的“种子案件”，我记得报上写了五个律师上书全国人大常委会，我想，好啊，律师终于敢向常委会提出意见了。这个没有什么判例，这个是对的，我们要搞清楚：到底法院的判决是依据种子法还是河南的种子条例，究竟哪个大？这个律师本身就有完善我们国家法制环境的敏感性和责任感，他觉得虽然这个跟自己具体办案没有关系，自己也不是办种子案件的律师，但他认为这个问题是我们完善国家法制环境不可缺的东西，他就是有这个责任感。如果有更多这样的责任感，律师的职业环境就能好了。第三个，我认为从我们国家的法制建设的情况、法制发展的进程来看，可以得出第三条规律，就是中国的法制建设不是一帆风顺的，不是笔直前进的，也许是进两步退一步，也许是进一步退两步。有前进有后退，但是总的来说还是在前进，但愿中国的法制建设是进两步退一步，而不是进一步退两步。我们要尽量争取多进几步少退一步，而多进几步少退一步是谁的责任呢？不仅是我的责任，也不仅是你的责任，也可能是很多从事法律职业者的责任。每个律师都要思考，究竟我们国家法制建设哪些地方是进哪些地方是退。物质上的现代化我们可以列举许多条，具体化起来。有人问我，中国的法制化、民主化究竟有没有标准，您能不能列出五条、十条标准。我教了那么多年的书，恐怕让我列出五条、六条标准都很难。司法独立是不是标准？新闻自由是不是标准？民主选举到底如何算标准？党政关系到什么情况下算实现法制？有的是禁区就算是探讨探讨都很难说，但我们搞法律的就要谈这个问题。有的人问我中国到底哪一年能实现法制化，我说不出来。作为法律职业人我们就尽量使得中国现代的法制进得更多一点，退得尽量少一点，一点不退不太可能，因为事物在变化，领导人在变化，这种东西很自然，人生都有进有退，有顺境有逆境，不能要求一个国家一个党任何事情都一帆风顺。但我们要认认真真地来分析，这是律师理性的责任，如果没有理性的责任，天天就是挣钱，埋怨法制环境太差就不对了。

根据这三条我就得出一个想法，计划经济的时候，陈云同志说了一个鸟笼经济，计划经济就是一个鸟笼经济，这个鸟笼如何做得大一点，今天我们搞市场经济是不是就不是一个鸟笼？不对，凡是由国家控制的都有鸟笼，无非是鸟笼的大小。在某种意义上说中国的法制也是一个“鸟笼”，有些允许你做，有些不允许你做，任何国家任何社会法律都是有禁止的、有许可的，社会的自由是要有限度的。为什么要谈这个问题呢？有一些律师一方面在促进法制环境的改善，另外一方面又在破坏这个法制环境。究竟是法官来埋怨律师行贿呢，还是律师埋怨法院接受贿赂呢？昨天的记者还问我这个问题，说现在的律师不得已呀，环境这么恶劣，律师要解决当事人的问题，只有靠关系靠钱。我说这是饮鸩止渴，律师是自己来破坏自己的环境，哪个地方说你要靠关系和钱来解决这个问题？我们从现在的情况来看，在我们的法制环境里面，应该说，一个是这种双重的人格；一个就是我们对于自己本身的一种破坏。我为什么老有这种感觉呢？最近看了些报纸我也很有感触，过去我们常常讲，中国这些年的政治运动造就了人的双重人格，说的是一套做起来又是一套。最近报上登了河北省的破案大王，公安部门一直表彰的最好的破案人员被抓起来了。他破案率的确很高，但刑讯逼供的残忍实在是灭绝人性。昨天看到一本杂志介绍，湖北的一个县委书记一直以清廉为名，人家送五六万元他都主动交，现在却查出他是当地最大的腐败者。律师有没有双重人格？一方面大喊中国的法制有很多问题，环境很差；另一方面又拿钱来为自己开路。你如果真的是中国法制的捍卫者，那我至少可以说有些事情你可以不做吧。越是懂得法律的人越懂得如何来钻法律的空子，越懂得如何来规避法律，甚至越懂得如何用法律来犯罪。香港一个大富豪死后应缴遗产税，通过律师做了十几个信托文件后一分钱也不用缴税，听说一审二审香港政府胜诉，到三审时香港政府败诉，理由是什么？这个律师所做的法律文件没有一个是违法的。我讲这个例子，拿香港的例子来说，在香港的情况，我想这个律师是一个真正了不起的律师，别人做不出来，他可以做，做完之后法律上都合法，政府还败诉了，他胜诉了。当然，这个例子拿到中国内地来说他就是违法的行为。

从市场资源来说，资源无非就是需求的关系和竞争的关系，或者说是一个公平交易的关系。香港的郎咸平教授对中国国有企业资产流失的说法像是在中国投入了一块巨大的石头。当时有些杂志希望我向法律界发表看法，我说不发表，因为法律只有一个标准即是不是公平交易，是不是合法交易。没有违法，合乎公平交易，非说这是国有资产流失，这是不行的，法律的标准无非是一个合法不合法，公平不公平。

三、挖掘资源从提升竞争力做起

资源是一个紧缺的东西，我个人的看法不知道对不对，中国律师的资源市场有可开发的一面，但是又不是有很大的开发前途。不能像汤捷律师所说的，美国有百万个律师，个人去理财也好，办护照也好，买房子也好，都通过律师。国情不一样也好，经济发展的程度不一样也好，东西部地区的差异也很大。经济不发达，收入有限，我请律师来代办还不如自己跑，可以省钱呀。中国律师现在面临的恐怕不仅仅是资源如何紧缺，而是开发不出更多新的资源，如果有的话也需要更特别的条件。这就像股市一样，如果你老在里面开发不出新的东西，又有更多的股票上市，国有股再一流通，买股票的股民就那么一点，那你就更麻烦了，你会摧毁这个股市了。

那么从总的情况来说，现在也很不乐观，要统计一年有多少法律专业毕业学生，中国应该算是最多的了。而就业情况怎么样呢？也不乐观，现在大学生毕业找不到工作的有的是，学法律专业找不到工作的有的是，能够通过司法考试的有多少？就算 8%、10%，如果每年都考，每年 20 万个人录取 10%，每年有 2 万人司法考试合格，十年过后就是 20 万人呀，这些人去哪儿？无非是到法院、到检察院、当律师。由于法院、检察院有编制为限，所以将来司法考试的唯一出路最自由的就是进入律师界。律师少就有少的问题，但律师多的话也会有问题。

律师少了不存在生存的问题，可是多了就面临生存的问题了，靠什么吃饭呀？生存的问题可是一个可怕的问题呀，如果律师吃饭都吃不饱，那就要为生存而斗争的话这是很可怕的。社会一旦到了为生存而斗争的时候，那就会出现不择手段的现象。律师里面如果出现不择手段的竞争那就很可怕。在这个意义上来说，社会环境也可能造成律师竞争越来越激烈，在竞争激烈的情况下律师又会出现双重人格，这个双重人格是什么？这个双重人格就是当律师争取客户的时候可以承诺得漂漂亮亮，一旦将案子争取过来后，就不认真对待了。昨天我看到杂志上刊登的北京律师协会的调查，现在的社会也好，客户也好，对律师最不满意的是什么？最主要的问题就是这个问题。这个问题从另一个角度来看，恐怕在世界各国都是一样，我在国际仲裁中就常常碰到这样的问题，本来这个问题双方当事人可以和解的，但当事人调解时律师主张一定要争到底，说调解不如打官司，结果本来可以不打的现在要打，本来可以小打的现在要大打。

这就像掠夺性地开发资源一样，自然资源是不可再生的，客户的资源是可以再生的，如果你对客户好，那么客户可能很信任你，但是如果你一次性使用完了以后他就不可再生了。这个现象需要很好地解决。在资源争夺战里面我们权且不说介绍的费用怎么办，到底是佣金还是回扣，到底哪个合法？美国有一个判例，说如果一个人给另外一个人钱是劳务报酬就是合法的，如果是机会报酬那就是贿赂。今天我们还没有清算这个问题。

我认为现在资源方面面临着竞争的危机和信用的危机，如果我们在律师业面临着客户资源的竞争力下降了，客户的信任度下降了，这是很可怕的。吴敬琏说最近世界排名榜里，中国的竞争力下降了。市场经济里面就是看竞争力，国际市场是看竞争力，律师业也是看竞争力。老的律师在过去很不错，如果你竞争力下降也不行，现在有的老律师都不办案子了，我看是你退化了，你竞争力越来越弱了。一个法官不办案子，一个教授不讲课，一个律师自己不干，就靠老本的话，你有多大的竞争力，你能坚持多久？

律师的资源问题面临竞争危机和信用危机两大危机。第一，律师只有增强自己的竞争力才能够在市场里面拿到更好的资源、更好的客户；第二，律师对待客户一定要讲诚信。这是我在上海专门讲的，失去诚信失去了客户你等于失去了你的基础，你靠什么来赢得客户，只有靠你的敬业精神。不敬业天天忙于拉关系，不去读书，也不去研究这些问题，你有多大竞争力呀？就靠吃喝玩乐你有竞争力吗？

就讲到这里，作为对大家的赠言。还是这句话，想到什么就说什么，我就讲到这里。

（原为2004年10月23日江平教授在合肥第四届全国律师论坛上的演讲）

法律人的“守”与“变”

台湾学者陈长文先生送给我一本书，书名为《法律人，你为什么不争气?》，写的是台湾政界法律人的现象。这本书的序是马英九先生写的，他在序中谈到他当年报考法律其父不同意，要他报考政治，30 多年谁也未说服谁，马英九的父亲认为儿子学了法律后“法制观念太强，司法性格太重，守经有余，权变不足”。于是我联想起究竟什么是法律人的性格。

首先，我们要承认任何一个职业和它的职业人都会有它职业带来的性格，就必然有其性格中的优点和缺点，有其职业习惯及其职业“病”。

政治家们纵横捭阖，没有永恒的朋友，也没有永恒的敌人，我们会以为权术过重，诚实不足；经济学家寻求机会、创造财富，但我们会以为太过于实用主义；社会学家立足民间草根，反映民舆民情，但似乎又缺少社会制度设计的眼光；文学家以其浪漫主义征服人们的心灵，似乎又是理想有余，缺少现实主义情怀。我们又如何用解剖刀解剖我们法律人自己呢?

从法律职业的基本层面来说，无论是法官、检察官、律师、教授，他们的本职工作都是在依法办事，或者再好听些，都在努力把法律诠释得更好些，但无论如何是不能跳出法律条文所规定的！法律的条文某种程度上与各种宗教的教规一样，是不能逾越的，逾越了就是“异教”，就是“异动”，所以宗教既有其虔诚一面，也有其保守一面。

我们这些法律人虽然程度不同，但也有对法律的虔诚一面，因此也有其保守、谨慎的一面，这大概可以叫作“守经有余，权变不足”吧！中国历史上著名的“萧规曹随”的典故就是讲汉初萧何制定的律令制度后人不随便更改。打天下时立下的王法是不能随意变动的！法律人，要警惕你的保守性格！

其次，我们要承认在中国历史上真正改变祖先王法号称法家的，其实并不是法律人，而首先是政治家，或者是作为政治家的法家人物。中国历史上很难说是儒家和法家的斗争贯穿始终，但我们可以说改革和保守的斗争贯穿始终，王安石算不上法家，康、梁也算不上法家，但他们完全称得起改革家，称得上是杰出的政治家。虽然改革失败了，但仍然推动了历史前进。

环顾世界，法律人作为杰出政治家的不在少数。美国的总统有一半是法律人出身，俄罗斯的普京也是。法律人作为政治家，既有守成固本、法统延续的一面，又有大胆变革、锐意进取的一面。无论是民主政制或是集权政制下，一个杰出的政治家都会对国家的命运起着重大作用，一个好的政治家可以带领国家走上繁荣昌盛，一个坏的政治家可以把它引向深渊绝境，历史上这种情况不是太多了吗?!

我们现在就是要创造这样一种政治制度，让更多的法律人走向政治家的行列，让政治家的选择更符合民主、竞争和透明的机制，只有这样，才是国家之大幸、人民之大幸!

最后，法律人自身并不是被动地只是去诠释法律，执行法律，他完全具有能动性，去能动地改变法律。在我们国家每一项立法中法律人的作用已经充分展现出来，立法的全部过程也就是法律制度变革的全部过程。法律人不仅有“守”的一面，也有“变”的一面。

随着立法的更大开放性，对于“善法”“恶法”的评论也越来越公开，越来越大胆，这是社会的一大进步。说物权法是善法者有之，说它是恶法者也有之；说劳动合同法是善法者有之，说它是善法掩盖下的恶法者也有之。

今天法律人面临一系列的困惑。谁能判断一个法院的判决是对还是错呢？终究还有个立法的旨意和解释可循；但谁能判断一部法律是善法还是恶法或者一部法律中哪个条文是善或恶呢？恐怕难有统一的看法，谁也不能禁止有不同政治理念的人各自做出不同的判断。没有政治理念的法律人可以在有关执法的是非判断上很清醒，但却可能在所执行的法是善法或恶法上判断很不清醒，这并不奇怪。

从这个意义上说，没有政治理念的法律人是盲目的，法律是不能脱离政治的。我在七届全国人大法律委员会工作时，已故的著名学者李慎之先生时任委员，他曾语重心长地对我说："你们搞法律的人对法律研究越深，就越会感到和政治的碰撞和现行政治体制的碰撞是绕不开的。"看起来法律人要想躲避政治是不可能的，也是不现实的。

政治家必然要面对巨大的风险，乃至杀身之祸，但法律人要为国家和社会做出更大的贡献，就要义无反顾地去坚持自己的政治理念！

（原载《法制资讯》2008 年第 3 期）

维权乃律师天职

十年前国栋希望我给他主编的《中国大律师》写个序，我给他写了篇《律师兴则国家兴》。十年后国栋希望我为他主编的《律师文摘》创刊十周年写篇祝语，我自然而然又想到了这个题目。这个题目能不能反过来说？反过来说是否更正确？现在谈“律师兴则国家兴”是不是过分提高了律师的地位和作用？对这个问题有些人私下里表示疑惑和担心！

反过来说这句话，说“国家兴则律师兴”不仅可以，而且绝对正确，但它却忽视了律师在“国家兴”中的能动作用。就像大河有水小河满的提法一样，多少年来视为绝对真理，不能丝毫怀疑，改革开放以来，有人却提出一个反规律：小河有水大河满，这个反规律发人深思，令人震动。公和私的关系居然也可以反着说！使人一下子就认识到私有财产、私有经济在公有制中所占的举足轻重的地位！

我想说“律师兴则国家兴”的第一层意思是：国家兴不仅仅是经济兴，更重要的是民主兴，法治兴。我们大家已经认识到一味追求经济增长率的恶果。我们也开始认识到，没有政治制度的改革，经济体制改革的成果也不可能巩固，取得的成就也可能“得而复失”。我们也认识到经济增长指数不等于幸福指数，幸福指数包含两个方面：物质上的和精神上的。精神上的幸福指数很大程度上是指人所享有的自由度。在我们的社会里，律师无疑比其他人应享有更多的自由度。只有当自己享有了更多的自由时，才有可能去帮助那些失去自由的人或更需要自由的人。当一个社会人人都没有多少自由时，也就没有了律师生存的空间。我们不都亲身感受到了那个没有律师生存空间的社会吗?!

律师应当以助人幸福为己任，而不能仅仅以助己幸福为人生的目标！助人幸福是社会责任，助己幸福是个人目标，一个人的社会责任远远大于个人目标！

我想说“律师兴则国家兴”的第二层意思是：警察无疑是维护社会稳定的重要力量，但“警察国家”对一个法治国家来说却是个“不祥之兆”！

中国是党权高于政权的国家，党权中政法委员会又在法治建设中起着主导作用，而在政法委员会中公安机关起着风向标的作用。随着“稳定压倒一切”的声音一浪高过一浪，公安机关在政法委员会的地位和作用也越来越“压倒一切”。公安的负责人是政法委员会的书记或副书记，而法院院长或检察长只是委员，公安的负责人是同级党委的常委，而法院院长或检察长则不是，从党内地位来看，公安负责人与法院院长、检察长就不是平等关系，就变成了上下级关系。这是法院独立审判权被弃置的根本原因，不再提法院的独立审判，也就开启了法院要配合公安的大门。

从法治的角度来看，如果说从机构的权力而言，公、检、法、司，律师只是司法部门一个组成部分，它们仅仅是排序末位的一个组成部分，地位区区不足以和公、检、法的庞大力量相抗衡；如果从审判的地位而言，在法官、控方、辩方三方之间，律师是代表一方，起着三足鼎立的不可或缺、不可替代的作用；如果从利益格局来分析，也可以说只有两方，一方是公权力，代表的是国家权力的行使，另一方是私人（公民及法人），律师代表的私人，要和庞大的公权力相抗衡，他的作用之大可以想见！

我想说“律师兴则国家兴”的第三层意思是：律师的职责就在于维权，维护他人的权利，而不是自己的权利，但要维护他人的权利，必须首先维护自己的神圣权利，自己的权利尚且不能保护，怎么能去维护他人的权利！

不论是出庭律师或不出庭的律师都是受委托人之委托完成

法律上的维权任务，现在把“维权”看得很窄，似乎只是对弱势群体才叫作“维权”，其实对任何人都有维权的问题，即使是黑社会的一分子，当他落到被告的地位，他也需要律师来维护他应当享有的权利来对抗庞大的公权力。

“春江水暖鸭先知”，律师亲身活动在法治第一线，中国法治之水是暖还是寒应该说律师是最早体会得出的。中国法治是进还是退律师是心知肚明的，中国法治的黑暗与光明律师是一清二楚的，当事人不敢说，正义的律师是敢说的，这就会给律师带来牢狱之灾，甚至杀身之祸！他们恰恰是中国法治的希望！

归根结底可以归纳为一句话：律师不仅是法治王冠上的一颗宝石，也是民主王冠上的一颗宝石。律师作为一个群体，理应在中国法治的舞台上、在中国民主的舞台上扮演更为主动的角色！

律师的思维

很高兴又有机会跟北京的律师见面。我也是作为论坛的发言人在这儿做一个演讲。各种题目都讲了，这次究竟应该讲什么呢？我看到《中国律师》主编在今年第10期里有一篇主编寄语，标题是“像法律家一样思考”。引用了美国学者的一句话：“Thinking like Lawyers”，由此引发了我一个思考，究竟什么是律师的思考呢？律师应该有什么样的思维方式呢？像律师一样思考，应当是我们考虑的一个很重要的问题，或者说我们律师应该很好地研究解决的问题。

律师作为一个脑力劳动者显然是以你的智力在为你的客户服务，也是在为我们国家依法治国服务。律师本身靠你的说服力来说服法官，不仅说服法官，还要说服你的当事人。不仅说服当事人，还要说服你的对手。不仅说服你的对手，最后可能还要说服你自己。在这个意义上我深深感觉到，由于我们律师本身所处的地位，我们没有权，我们没有势，我们不是靠以权压人，也不是靠以势压人，我们只能以情服人、以理服人，尤其从理的角度上服人。律师应该是具有思辨能力，具有很高理性思维的人。我们律师应当具有哲人的思维，我所说的哲人的思维并不是说你一定要是哲学家的思维。哲人的思维是两种思维，一个就是有忧国忧民的思维，一个是理性的思维。我们作为律师，要注意讲话的意识，而讲话的意识来源于思维的意识。作为好律师，不仅要修炼自己的讲话艺术，还要在自己的思辨艺术上加以注意。

我觉得律师的思维应该有这么几个特点。

一、律师应该有严谨的思维

作为律师的思考，如何来理解他的严谨？从法律角度来看严谨。长期以来，由于缺少具体的法律规定，律师在求证的时候，往往容易忽视法律依据，不是真正以法律为依据，而是以法理，或者以自己的理解，或者以自己的想当然作为一种思考。我们最早在苏联学法律的时候，最怕课堂讨论，因为老师要求本科生在 120 个案例查到哪一个法律里面哪一个条文是解决这个案例的法律依据，而不是说你本人的观点。法律家的思考就是，他的论辩、他的引用必须以法律为依据，缺少法律依据是不行的。我们过去常常讲，合同的无效，如果说违法的无效，恐怕违反了哪个法的第几条法官不见得清楚。我们律师在每次辩论的时候，说明意见的时候，说这个合同无效，是不是都有法律依据呢？如果过去我们说违法无效，这个法还不是很明确。现在写违反法律和行政法规无效，你以哪个为准？你不能说因为我的法理认识。过去认为是没有问题的，现在判断，要从严谨的角度来看，既然是无效，既然法律和行政法规规定为无效，那么你必须要引用那个法规，法院的判决必须有，而不能笼统说这是无效的。类似这样的情况在我们所遇到的案子里面，或者其他方面也都会有。有一次我听人讲，股权转让有效无效，这个股权转让合同是有效的。怎么有效呢？他援引了合同法第四十四条第一款，依法成立的合同自成立时生效，所以我们这个股权合同自成立时就生效。这个条文的引用是否适合就是一个问题，下面讲了需要批准、登记，或者附条件。引用条文的时候，确确实实要说服法官，说服你自己的当事人，甚至说服你对方的当事人、律师。严谨的法律思维，需要引用严谨的法律，引用最适合的法律。

二、律师应该有多元的思维，包括逆向思维或者其他各个方向的思维

有的时候律师往往从自己的角度考虑问题较多。一个人如

果站在不同的方位、作为不同的角色，看问题可能更全面。我们现在跟经济学家吴敬琏教授搞了一个民办研究所，力图在思考问题的时候，从多方位来考虑。经济学家跟法学家考虑问题的角度很多不一样，经济学家认为在管制上证监会的规则过度，可是作为法学家来说还是要更多更细来管。从律师角度来讲，法律越多，律师越有饭吃。是不是实践中法律越多就越好呢？也不一定。行政管制过多，是不是就能产生好效果？不一定。这些问题对我们提出一种要求。作为律师，我们的思考不仅仅要从自己的一方来思维，还要看对方的思维，甚至要看法官是什么思维，如果你站在法官的角度上思考，法官会怎么想？律师有时候当一当仲裁员，参加立法，对于拥有全方位的思考、多方位的思考还是很有好处的。

我们的法律里面有一些矛盾的地方，有一些矛盾的焦点，怎样来理解？我们在 20 世纪 90 年代中外合资企业法修改的时候，当初加了一句话，“中外合资企业不实现国有化的征收，但社会公共利益需要的时候可以征收，并给予相应补偿”。当时考虑补偿这个字究竟怎么写，外国投资者提出来，国际保护投资公约里面，写的是充分、及时、有效补偿，赔偿数额应该写有充分两个字。我们考虑到充分可能中国人赔不起，就用了一个“相应”两字。最近有人咨询一个案子，关于土地使用权的征收补偿。结果一看才发现，城市房地产土地管理法里面写的是给予相当的补偿，农村土地管理法里面写的是充分补偿。国内跟国际不一样，对外商投资企业有的地方提的是适当补偿，有的是相应补偿。从实践的角度来看，从法官的角度来看，究竟怎样理解其中的差别？我们在思考这些问题的时候，应从不同的角度理解。

三、律师应该有敏锐的思维

敏锐的思维在于善于捕捉空间，捕捉时间。人要有捕捉的能力，这个捕捉是指抓住有利时机，抓住有利时间。法律本身是有边缘的，但是我们的法律有的边缘非常明确，而有的边缘却比较模糊。法律不仅分为强制性规范、任意性规范，法律也有刚性和弹性的。刚性法律边缘比较明确，而弹性法律边缘往往不够明确。合伙企业法起草的过程中曾经确定，原来认为法人不能作为合伙企业的合伙人，因为法人尤其是有限责任公司是不可以的。理由是世界上许多国家没有这个惯例，到后来一讨论，只有日本跟我国台湾地区有这个规定。美国、德国、澳大利亚参会的人说，我们没有这个规定。有限公司可以作为合伙人，可以作为无限公司的股东。到最后通过的时候，把法人划掉了。按照这样的情况，法人能不能作为合伙人？这个边缘地带怎么来抓？

四、律师应该有创造性的思维

我这里所讲的创造性思维是指，律师有的时候需要跳出现有法律框架来思维。最近看到一篇文章“化悲痛为法律”。英国人有习惯，凡是悲痛就想到法律。英国有一段时间孩子死了之后器官被拿出来做标本，现有的法律不行了，死人的器官如何保护，以使死者尽量不受到损害，法律应该规定。如果你喝了酒以后开车，不仅你撞了别人要承担责任，你让别人搭你的车，他的伤你也要承担责任。我们的律师在办理业务过程中，看到现有的法律不合适应该有如何来完善法律这样一种思维，这种思维非常重要。马来西亚总统马哈蒂尔曾经说过一句话，治国的人应当是医生而不是律师。医生的思维方式是先看你的病表现出来的症状是什么，然后从现象里面查原因，开出药方。律师拿了当事人的钱，就要为当事人说话，他说是黑就是黑，他说是白就是白。

律师提出的意见在任何国家都是非常非常重要的，律师也做实践工作，律师比教授更知道法律的不同。中国现在到了有善法和恶法的时候，重要的是，现在也已经到了法律不是越多越好的时候。在这种情况下，我们律师能不能在他思维的方式方法中，更多地从这个角度考虑，这样可能对于我们国家的法律政策会带来更大的机遇。

（原为2002年12月7日江平教授在首届北京律师论坛上的演讲）

辑三 访谈

- 中国政革与法治：如何突破瓶颈
- 中国法治30年
- 依法治国离不开律师的监督
- 法律人参政并非“天然”法治
- 律师兴则法治兴

中国改革与法治：如何突破瓶颈

赵忠龙[①]：江老师，您一生见证了或者经历了很多中国乃至全世界的重要的历史事件，这些重要的历史事件都深深地影响了当代世界发展的历史进程。您怎么看待当代中国改革的国内和国际大环境？

江平：我年轻时代应该说经历了中国的战乱，可以说新中国成立以前的十八九年是中国历史上最动荡的时期，后来这些年我总的觉得中国还是处于历史上最好的时期，所谓最好的时期就是从国际上来说虽然险恶动荡，但是始终没有发生战争，这可以说是一个很不容易的国际环境。国际环境比较平和就给了中国一个发展的机会，但是应该说从我所经历的60年代、70年代中国基本上是没有充分利用这个和平的年代，更多的是忙于自己的内部的斗争，错失了一些大好的时机。如果我们比较当时亚洲一些国家和地区，比如中国香港（地区）、新加坡、中

---

① 赵忠龙，法学博士，云南大学法学院副教授，云南省法学会民商法学研究会专职副会长兼秘书长。

国台湾（地区）、韩国，这些都是充分利用了这一个时机里面国际和平的没有战争的机会，利用了这个和平时机大发展，所以出现了此效果。从我们中国的情况来看这20年是荒废了，没有充分加以利用，是一个很遗憾的事情。从1978年改革开放以来，应该说我们比较好地充分利用了这一段时间，按照邓小平的改革思想更多的是在于经济发展，在国际上要充分利用国际形势，也不称霸也不太多露头，更多的是隐藏自己的锋芒，这种方针是很好的。所以我觉得从国际的形势来看应该说改革开放这30年来，总的来说是充分地利用了国际和平的形势；另一方面，从国际的经济发展的情况来看，也可以说是中国基本上摆脱了或者避免了国际上的经济金融方面的大动荡，所以中国可以保持着将近30年的和平发展，从原来经济比较落后到现在从经济上来说属于世界上的第二大经济体，这一点来说的话我觉得也是成功的。所以我觉得现在国际上应该看到首先最早是美国和苏联争锋，美国的主要矛头在苏联，苏联瓦解之后应该说美国的矛盾更多的是发生在与中东国家存在极端思想的矛盾，从"9·11"事件之后这一矛盾是主要的，美国发生在中东的这几次战争就可以充分说明这个问题，但是现在可以看出美国在中东的矛盾逐渐得以摆脱，今年甚至从阿富汗撤出驻军，所以从现在看来形势已经越来越明显，美国的主要矛盾将在亚洲，而且把重点转向亚洲，这样一来中国和美国的矛盾就会越来越突出。所以怎么样处理好与美国发生直接矛盾，摆脱中国和美国利益的冲突是很重要的，我觉得这对于当前领导人来说可以说是国际上最重要的，尽量避免中美发生利益上直接的冲突，只有这样才能够保持中国有一个和平发展。

赵忠龙：您觉得在参与中国法治的历史大事件中，哪些事情给您留下的印象最为深刻？

江平：我觉得在立法的过程中有两件事情印象深刻，第一个是行政诉讼法的起草，因为当时我是作为行政立法研究组的组长直接参与行政诉讼法的起草过程。我自己始终觉得在中国立法的历史上，行政诉讼法应该起到了很大的作用，这个在中国历史上是第一部“民告官”的法律，老百姓始终是作为原告，政府始终是作为被告。在中国4000年的有文字记载的历史中，“民告官”是从来没有的，而我们把这一部现代法治建设中具有重要意义的法律能够搬到中国来，我想这个法的出台有一个很重要的背景，就是当初在纪念民法通则通过一周年的时候，陶希晋——陶老提出了搞一个行政立法研究，他觉得中国现在刑法、刑事诉讼法有了，民法通则、民事诉讼法有了，现在最缺乏的是行政法、行政诉讼法，他认为在中国这种情况下必须要对行政权力加以约束，这是中国现代立法很紧迫的问题。我很同意这个观点，这就是说中国的民事权利被侵犯的主要来源，并不一定都是来自民事主体的侵犯，很大方面是来自行政主体的侵犯，也就是公权力的侵犯，所以要保护民事权利，很重要的一方面要限制公权力，要在公权力方面加以限制，而我们国家没有行政法这方面实体的法律，更没有诉讼法。所以后来按照陶希晋的意见成立了行政立法研究组，当时我是中国政法大学的副校长，就由我来负责这件事情，我觉得这件事情虽然我参加的时间不长，但是很有意义，我也了解了一些国家的行政诉讼的法律和一些规定，所以就向全国人大的法工委提出先搞一个行政诉讼法，这个法律的制定超乎寻常的顺利，从提出行政诉讼法到拿出来一个专家的审理稿也就在一两年之间就提出来了，在 1989 年之前很顺利地通过了。虽然有些政府官员还有所观望、反对或者持怀疑态度，但是这个法律一旦通过以后起到的作用是巨大的，虽然相对说来老百姓胜诉的比例还是小一点，但是开启了“民告官”作为诉讼方式来行使自己权利的一个先例。私权需要公权力保护，实际上主要是指法院，因为法院是保护私权利主要的机构。严格说来，公权力只要不去侵犯私权利就可以了，私权利如果需要保护，通过司法机构提起诉讼来保护就好。在这个问题上，公权力不作为是最重要的，公权力只要不去侵犯私权利，就已经做到了它最应该做的。在这个问题上，我们和西方理念不一样。比如食品药品安全问题，在我国如果造成民众死亡或者遭受损失，我们的政府机构往往花很大力量来介入，会下令查出源头并解决问题。美国在药品和食品这两个涉及人身健康的问题上，有一个产品责任法，一般只是通过民事责任来解决问题，个人自己去调查，之后向法院提起诉讼，如果告赢了，会得到一大笔赔偿。我们叫产品质量管理法，行政权力介入进来。这就说明我们的政府太大了，管的事情也太多了，通过任何一个法律都要有一套执法机构。美国政府很小，只有一个食品和药品管理局，因为这涉及人民健康。至于其他东西，老百姓的利益如果受到侵犯，你自己去法院告他。我们国家很大的问题就是政府机构太庞大，从中央到地方这种所谓的保护公民权利的机构比比皆是，那就要养活非常大的一个政府，这是很可怕的现象。

新中国成立后，共有过三次民法典立法活动。20 世纪 50 年代初和 60 年代初的两次，均因政治运动而中断。1979 年，彭真恢复工作后，被补选为全国人大常委会副委员长，并兼任全国人大常委会法制委员会主任，再次主管立法工作。当时，王汉斌任法制委员会副秘书长，是彭真的重要助手。是年 11 月，全国人大常委会法制委员会之下成立民法起草小组，开始了第三次的民法典立法活动，共有五六十位民法学家参与，至 1982 年 5 月起草了民法典草案一稿至四稿。由于当时经济体制改革刚刚起步，社会生活处在变动之中，关于民法典的立法，各方面迟迟未能达成大致的意见，民法典的立法活动只好暂停。彭真因此提议：民事立法由“批发”改“零售”；在一时难以制定一部完善的法典的情况下，先分别制定民事单行法，待条件具备后再制定民法典。第二个印象比较深刻的当然是物权法，我是作为民事立法研究组的两个组长之一，当时王汉斌专门找我们开了一个会，说现在民事立法的工作还是提到日程上了，过去彭真同志先搞一个民法通则先不搞民法典，这是当时的环境，现在应该说改革已经进行到了这个地步，民法典还是需要继续制定，他需要我们抓紧抓好这项工作。那么从民法典的起草过程来看，2002 年提出了民法典，在人大常委会也讨论过，但是现在看来合同法顺利通过，物权法却受到了很大的障碍。物权法的障碍就在于北大一位教授提出来物权法的违宪问题，一部物权法居然提到违宪的高度，这是出乎我的意料的，物权法应该说在起草过程中碰到了前所未遇的困境，而且物权法自己本身的制定也有些不理想，比如说物权法是拿国家集体和私人作为民事权利主体，这个和我们民法通则的精神是违背的，民法通则提到的是法人和自然人作为主体，所以这样的一些东西造成了我们今后在物权法作为民法典的体系的一部分看起来造成了不可逾越的障碍，所以这些问题也可以说是很痛心的，一方面感觉物权法终究是一个进步，另一方面又觉得物权法还有些不可逾越的实质性的障碍这些问题造成的立法困难。人们越来越觉得人身权重要，甚至看得比财产权更重要。我个人认为财产权是最根本的。一个人在社会上之所以能够立足，就是因为有财产权利的保障；如果一个人的财产权没有了，就等于其民事权利的能力被剥夺，这是很可怕的现象。

赵忠龙：行政权力是民事权利最大的威胁，如何协调国家发展过程中公权力与私权利的矛盾，您怎么看待当前中国改革的瓶颈问题？

江平：从三中全会决议的公报来看，我觉得改革最大的瓶颈可以说是依然没有变化，也就是从邓小平开始的改革就多少有些更多重视经济体制改革，比较忽略了政治体制改革，而且是在邓小平的思想里面应该说也提到了政治体制改革，尤其是党政分开等等很多问题，多次提到了政治体制改革。从三中全会的决议的情况看来，我觉得最大的仍然是这个问题，我们经济体制改革的措施也比较明确，方向也比较明确，步骤也比较明确，使人们看到了经济体制里面我们要越来越减弱政府干预的作用，发挥市场本身在制约分配方面应该起到的作用，这是越来越明显的，也可以看到这些正是中国经济改革的症结所在，不解决这些问题，中国的经济是很难真正发展的。但是回过头来看，中国政治体制改革这方面让人看到仍然是没有什么起色，或者说没有太大的亮点。在谈到我们国家的限制政府权力方面，这个应该说是有一些具体的举措，在完善司法权力改革方面也有一些明显的亮点，但是在改进我们的政治体制结构这方面发现缺乏很有力度的亮点，比如说三中全会公报里面涉及的关于民主建设的问题，我们怎么来改善选举制度，人大的选举制度怎么样能够更多地贴近民意，在完善政治体制改革方面如何赋予言论自由、新闻自由、出版自由、结社自由等这方面也缺乏一套比较科学的制度，所以我觉得经济体制改革跟政治体制改革这两个关系还没太处理好，也就是实际上已经到了政治体制改革不进行就无法继续进行下去这个严重的地步，所以使人感觉这个瓶颈实际上就是经济体制改革仍然是在快速进行，而政治体制改革严重滞后。公权力不作为是最重要的，公权力只要不去侵犯私权利，就已经做到了它最应该做的。我们的政府太大了，管的事情也太多了，通过任何一个法律都要有一套执法机构。

我本身研究私权，之所以用“呐喊”，是因为现在私权仍然没有得到社会充分的尊重，所以还需要极力为私权呐喊。呐喊的目的无非是使社会对私权更加尊重，中国向来是一个不重视私权的国家，私权从来没有像西方那样得到应有的尊重。不经过呐喊，不经过很大努力，很难达到私权神圣的社会。真正实现法律上所规定的私人权利，国家退居幕后，我看就可以了。现在我们国家管得太多，在市场自由方面因为涉及自身利益，资源配备也好，市场准入也好，必然涉及国家利益，利益太大了，国家摆不脱这些利益，就变成与民争利，本来可以由老百姓解决的问题，现在国家介入了。而真正涉及市场秩序的问题，国家却很少关心，这是很突出的问题。人权与发展一样，也是硬道理。小平同志为什么讲发展是硬道理？就是不受阶级影响，没有说是社会主义发展还是资本主义发展，不受资本主义和社会主义理念的影响。不能够宁可要社会主义的草，不要资本主义的苗，那不是硬道理，只要发展了就是硬道理。发展是硬道理，但人权也是硬道理。过去我们讲人权也分资本主义人权和社会主义人权，这都是胡说。为什么说人权是硬道理？人权就是人的权利，只要给了人的权利就是好，给人的权利越多就越好，越少就越差。不能说我是社会主义人权，就比资本主义人权高。没有所谓社会主义和资本主义之区别，只有多和少的区别，就像发展一样，只有快和慢的区别。社会主义最欠缺的就是这两方面，一个在经济上不如人家，一个在人的权利方面不如人家。提倡人权制度就不能够将人权问题分成社会主义人权和资本主义人权，这和没必要将发展分成社会主义发展和资本主义发展，是一个道理。

司法改革的路线图在三中全会上已经明确，包括省以下的人财物都由省级统管。但要实施这个目标还有很多工作要做，包括改革审判委员会、去行政化等方面，都需要努力。我认为从周强担任最高法院长后，大力推行司法改革，做法有根本性改变。现在中央提出把司法公正要做到让人民感觉得到每一个具体案件的公平正义，这是一个很好的提法。但我们在平反冤假错案方面要有更进一步的动作，不能只限于已经非常明显的案件。在实践中，我们的冤假错案还有不少比例，比如说重庆当年的打黑案件，当中有很多是不公正的，但这些案件一个都不能动，当时主持工作的市委书记和公安局长现在都被判了刑，在这个前提下，他们当年所判决的案件没有一个能推翻，这个不可理解。

正如周强院长所提，以审判公开促进审判公正，只有所有的审判的细节都摆在公众面前，公众才能对这个案件有一个最直接的判断。所以审判公开是改进我们司法公正模式的非常重要一环。将来我们需要所有的审判文书都能上网，让百姓、律师、法学教授们都能看到，这就会促使我们的审判环节都依法办事，有助于外部对法院的监督。劳教制度在我国已经实行了50年，在一些部门看来这是能使用的最熟悉的方式，我们现在最担心的也是劳教制度被废除后，变相的劳教制度还存在，而训诫中心的出现就是这种思潮的反映。“训诫中心”这种替代式的劳教、截访方式这个现象其实和我们另一个制度密切相关，那就是信访制度。如果你认为上访是违法的，自然会有出现截访、训诫中心的存在，如果你认为上访是合法的，就不应该出现这种现象。现在对信访制度也有新的思维，上访只要涉及法院，就纳入法院来解决，其他方面也是该在哪层解决就在哪层解决，尤其强调不能认可上访人员是违法的、加以迫害的做法。

冤假错案产生的最根本的原因是建立在法院审判基础——也就是证据方面的错误，因为采用了虚假的、没有经过严格核实的证据，才会出现冤假错案。要解决冤假错案根本在于两条：一个是排除非法程序，要求证据公正真实的程序如果有欠缺是很危险的，例如审判环节上缺少对质等基本程序，我们现在已经明确了刑讯逼供不能作为定案依据，这一条能更好地保证防止冤假错案；第二个是司法人员刑事审判的意识，最关键在于从“有罪推定”到“无罪推定”观念的转变，“无罪推定”的观念以前没有纳入到审判人员的头脑中，而“有罪推定”的观点非常糟糕。去年，最高人民法院常务副院长沈德咏提出了“宁可错放不可错判”，尤其强调在死刑方面不能随便定罪判死刑，他的这个观点我认为非常重要。任何受到指控的人，他的权利都应该得到尊重，虽然他犯罪了，但诉讼法规定，他的有一些权利是不能够被侵犯的，只有充分尊重了受指控人的合法权利，才能免去冤假错案的概率。任何冤假错案的共同问题都是没有充分尊重犯罪嫌疑人的合法权利。现实中，往往对他们的申诉和不同意见不加考虑。而这就是我们常说的审判民主的问题，对犯罪的人也必须要有律师的辩护，哪怕他自己请不起也要提供司法援助，他提出的任何问题都应该仔细考虑分析，这些问题从程序上来说都是防止冤假错案的重要环节，如果每个环节都能做到的话，才能保证不发生冤假错案。

赵忠龙：这是目前我们改革发展的重大瓶颈，经济体制现在正在经历改革期，您觉得改革跟法治之间的关系是怎样的？

江平：市场经济和法治当然是一个很密切的关系。吴敬琏教授曾说，作为经济学家，在改革开放初期，他有一个天真的幻想，只要搞市场经济，一切问题就都可顺利解决；后来发现市场经济也有好有坏，并不是有了市场经济就一切都解决了。他的言下之意就是必须要有法治，没有法治的市场经济就是混乱的经济，仍然是原始积累下没有规则的市场经济。我也回应了一段话，我说，我们搞法律的人，以前也有个天真的幻想，认为中国只要有法律，就一切都好办；可是到今天，我们的法律比较完善了，我们还是不好，为什么呢？因为法律也有好也有坏，西方有善法和恶法之分。我们的一个共同点就是法治。制度有好有坏，但法律理念非常重要。市场要有规则，还要一些精神理念维持法律制度，维持规则，这些基本的理念就是人权、民主、自由。经济体制改革和法治之间也是一个经济基础和上层建筑的关系，法治还是属于上层建筑。我觉得这次改革注意到这个问题了，也就是改革必须在法治范围内进行。我想这个就提出了一个很大的问题，就是怎么处理好改革跟法治的关系，严格说来改革和法治是有矛盾的，因为我们知道改革是一个经常的、不断的、长期的变化的过程，每天每时都在变化，改革本身又经常和现行的一些制度、现行的一些做法相违背相冲突，改革要不断冲破现在的法律的规范，所以这两个东西怎么解决好是一个需要思考的问题。我觉得过去我们也有一些改革，尤其是在土地方面或者是涉及城乡的问题上，比如说国务院关于成都、重庆试验城乡改革的一些办法，现在看起来重庆所实行的办法多少有一些是与现在法律制度不太一致的，所以人们有些担心，我们学校当时也讨论这个问题，这个改革怎么能在法治范围内进行。当时有人建议这个改革应当有个授权，所谓授权是至少在某些方面有一个授权的单位，可以冲破现行有关法律的规定，在授权单位的权限范围内来改革，想突破国务院的规定是国务院的授权，如果要突破法律的规定是全国人大的授权，我们在改革初期的时候确实有这样的授权，授权国务院在财政税收的一些方面，可以自己制定某些东西。但是人们越来越感觉到长期的这种授权国务院的办法也不是一个很好的方式，比如我们现在还没有关于税法方面的统一的规定，国务院就可以制定物业税、房产税一些东西，包括在预算、决算方面也违背了相关的法律。现在全国人大提出来这么一个思想，就是在重大问题上改革必须有法可依，从这点上可以说在原则上是满足了这一条，比如说国务院做出一个修改公司的注册资金的制度，首先修改法律，在法律上规定原来的注册资本必须交足多少，现在改了，等于是先修改了法律，保证了在重大措施上有法可依。但是在具体的方面仍然存在问题，如果改革冲破了法律是做还是不做呢，如果去做违反了法律，不去做就是滞后，所以在这些问题上应该建立一个灵活的法律修改体系，我觉得我们国家在修改法律这方面已经越来越提到了议事日程上，也就是过去这些年来我们在许多方面，在经济生活方面都基本上有法了，而我们的法律过了十年、二十年就必须修改，要不然就是落后，所以在这种情况下修改法律就提上了议事日程。我们过去是到了一定的阶段之后，十几年二十几年大改法律，但现在看起来要有一个更灵活的修改机制，小改也可以改，因为小改使法律符合了现在的做法，我想把法律的修改变成经常化的，而且有经常化的一些手段就可以了。

从三中全会决议来看，司法独立进了一步。现在规定省以下的人财物由省法院统起来，这说明省以下的政法委员会大大减少了对法院的干预。总的来说，政法委员会已经明确，各级政法委员会不要具体来干预案件。可是终究来看，党政不分是我们现在要解决独立审判的最关键问题。比如说，省级以上，党的领导干部能不能干预案件？这个问题就麻烦了，省级法院的院长可以不听省长的话，但是你能不能不听党委书记的话呢？如果不听，很有可能就被免职，怎么处理这个矛盾？所以说党政不分始终是我们司法独立的一个关键问题。司法系统的去行政化非常必要，审判人员不能自己判案，审完了案子还要请示上级，更大的案子还得让院长来批。判的人不审，审的人不判，这种行政化的倾向是造成审判不公正的重要因素。去行政化要真正做到审判的人有独立的权力来判案，首先要改变审判委员会的权限，现在审判的人不能自己决定，还要提交审判委员会讨论，而委员会本身就由各方面人员组成，有些人士并不专业。另一方面是院长的任职问题也需要去行政化，现实中很多院长并不是从法院内部提升的，因为职务提升是需要看级别的，而基层法官们往往级别不够，最后提升上来的院长往往并没有做过审判工作，甚至个别人都没有法学的知识，这是很可怕的现象。要求法官专业化，而院长偏偏是外行，非常不合理。

赵忠龙：您对中国未来改革的前景怎么看？乐观吗？

江平：改革前景我认为还是分为两个方面，如果作为经济方面的改革我总的来说还是乐观的，也就是中国的经济增长的速度绝不会像以前那样以两位数字来增长，这是不现实的，中国因为已经有了近30年的高速增长，所以起点已经比较高了，再以百分之十几的速度来增长是很不合适的，更何况我们现在提出来并不以GDP增长作为成绩的一个标准，我觉得今后保持7%到8%之间的速度，一方面应该说是可行的，另外一方面也有着可能性，所以我觉得在世界经济总的来说不太景气的情况下，我们保持七到八这个速度前景还是有希望的；另一个方面对于我们的财政金融领域我觉得人民币进入国际市场也是很有可能的，作为各国兑换的货币逐渐进入国际市场，我想什么时候我们成为完全自由兑换的自由货币，中国可以说是基本上融入了国际市场了。我比较担心的还是在政治体制改革方面，在司法体制改革方面看到了很大的希望，但是另一方面我们在开放言论自由等等方面又有一些负面的报道，仍然有一些限制新闻自由，对有些政治方面持有不同观点的人判刑，使人感觉仍然有些忧虑。当然我也认为现行的领导现在不可能在政治体制方面做出重大的措施，这不仅仅是对于现行领导来说是一个很高的要求，实际上弄不好还会加速其地位的不稳固，所以我觉得从现行政治领导人来看，在第一届任期之后应当在政治体制方面有一个更大的布整，希望现行的领导人能够在四五年之后，在第二届任期之后能使中国的政治体制有一个更明显的变化。

赵忠龙：现在已经有一些新的意向给老百姓一些新的希望，大家也希望看到这届政府的改革决心、改革力度以及反腐的决心。

江平：我经历了不同的时代，我个人认为，我们国家的法治是大有希望的，但中国的法治必定要走一段很长的道路，绝不可能是一帆风顺的。我们现在已经摆脱了过去完全建立在对领袖崇拜上的错误路线，走向了一个可以给予希望的时代。中国还需要进行更大的政治体制改革，虽然很困难，但我相信中国必然要走向政治更加开明的阶段。对中国的前途要充满信心，但也要看到中国走向政治民主化的路上还会遇到各种困难，不能太乐观，做好思想准备。

反腐应该多样化来进行，不一定只有一种模式。像我国腐败的情况比较复杂，在多种反腐形式中，中央巡视组是一种可行的方式，例如中国人民大学巡视组发现的人大自主招生腐败问题，就是一个很好的例子。因为一个巡视组来到一个地方，这个地方的群众就会揭发当地的腐败现象，腐败分子就会露头。巡视组针对的不是某个人，而是一个单位，在这个意义上是有进步意义。巡视组和钦差大臣不同，他们依然是依法工作，并非利用自己的法外权威，关键在于我们将来还得在法制上更加完善，于法有据地派出工作组。除了巡视组外，群众检举是很重要的反腐方式，从广义上来说，群众的眼睛是雪亮的。把领导掌握的和群众掌握的反腐方式相结合，这种工作方式比较有效。以跟踪偷拍上海法官嫖娼一事来看，我个人是持肯定态度的。拍摄者经历了这个案件，并怀疑这个法官有不公正的行为，所以他采用私下拍摄的方式，从法律角度来讲，并没有太不妥的问题。对国家机关，如公安机关，他们采用秘密跟踪的行为时要有所限制，不能随意对任何群众采用这个方式；但在群众进行调查时，采用这样的方式，是在法律允许的范围内的。像这样的群众检举方式都是很好的，应该鼓励。

（中国版权保护中心李劼博士对本次访谈亦有贡献，
原载《甘肃社会科学》2014 年第 3 期）

中国法治30年

从法律实用主义到法律虚无主义

马国川[①]：在改革开放30周年的今天，您作为一个法学家，如何评价这30年中国所走过的法治历程？

江平：要说这30年，恐怕要从30年之前的30年开始。明年就是中华人民共和国成立60周年了，只有把改革开放的30年放在这60年的历史背景下，才能够更清晰地辨别出我们所走过的道路。

马国川：不鉴往则不足以知今。

江平：回顾历史是很重要的。共和国的60年，前30年就是从法律实用主义到法律虚无主义，后30年是从法律经验主义到法律理念主义。就是说，我们国家经历了四个法律时期：法律实用主义、法律虚无主义、法律经验主义，现在在走向法律

① 马国川，资深媒体人，《财经》杂志主笔。

理念主义。

马国川：法律实用主义大致是从何时到何时？

江平：从新中国成立后到“文革”前吧。法律实用主义也可以叫作法律工具主义，它有三大特点，一是法律不要有体系，立法也不要求完善、完备，有一些法律够用就可以了；二是法律也不要太复杂，条文不要过多，简要的内容就够了；三是法律不要太约束人，不要捆绑自己的手脚，法律只不过是行动准则的参考。

马国川：成为一种工具。

江平：而且是不太重要的工具。1951 年到 1956 年我在苏联学法律，也是这样。但是苏联所采取的法律实用主义，也许比我们高明一点儿。苏联还是很注意法律建设的。1917 年十月革命胜利的第一天，列宁就颁布了两个法律——《土地法令》和《和平法令》，但是沙俄原来的法律仍然留着，不像我们 1949 年完全彻底地废除了国民党的“六法全书”，就连规范市民生活、婚姻家庭的民法典也废除了。苏联到 1923 年列宁亲自领导制定的《苏俄民法典》通过以后，才把原来旧沙俄的法律废除了，人家尽量避免让法律出现空白。而我们到底需要什么法律体系，要构建一个什么法律体系，直到 20 世纪 80 年代甚至 90 年代才逐步提出来。

马国川：“反右”运动的时候，有一些法学家就是因为纯法律的理念被划为右派。

江平：著名法学家谢怀栻先生就是因为主张“一切都要有法律、一切都必须依照法律”而被划为“极右分子”。因为他的理念与当时流行的法律实用主义是格格不入的。法律实用主义的主张是，不一定需要法律，也不需要严格按照法律办事。可以说法律实用主义的思想现在仍然存在，一些学者就把法律实用主义当作马克思主义法学的核心观点，认为法律就是国家的工具，而且应该是很得心应手的工具。

马国川：到了“文革”时期，连法律实用主义也不要了。

江平：法律实用主义可以向两个方面发展。发展得好，逐步总结经验，也可能逐渐走向健康的法治道路；但是，法律实用主义也可能走向另一个极端：法律虚无主义。很不幸的是，中国走向了法律虚无主义。“文革”中，不仅是什么法律都可以被打倒，宪法也可以被践踏，甚至“公检法”都可以被彻底砸烂，“最高指示＋群众运动”就是一切行动的最高准则。当时有一句口号“只要是符合全中国最大多数人民的最大的利益，那就什么都可以干”。到底谁来裁定是不是符合中国最大多数人的最大利益？那当然只有最高领袖能够知道，最高领袖的话就是最高指示，“一句话顶一万句”嘛。群众运动更是天然地代表群众的最大利益，被看作最天然合法的，一切都崇拜群众运动。只要以人民的名义、以革命的名义、以国家的名义，什么事都可以干。

马国川：群众运动也是践踏法律的最大挡箭牌，可以用群众运动蔑视一切法律。

江平：以人民的名义、以革命的名义、以国家的名义干的坏事，干的践踏法律的事情，我们没有很好地清算。20 年前，那时我还担任第七届全国人大常委会委员，曾经发生“邮票事件”，在人大常委会激起了风波，争论得很厉害。当时把邮票上面的“人民邮政”改成了“中国邮政”，这就引起了几名常委巨大的愤怒，甚至上书到中央，说把“人民邮政”都取消了，等于把我们的性质都改了，又恢复到过去了。经过认真的讨论，最后还是认为改革并不错，没有“人民”两个字，并不等于你的性质就变了。到底邮政是不是真正为人民，并不是你上头写了两个字，就能够代表的。

马国川：前些年有学者提议把“人民法院”中的人民两字拿掉，也激起了舆论风波，您就此有何评价？

江平：不是说“人民”二字不能用，问题是在以人民为名义的下面，谁是人民呢？深圳市中院的院长说了一句话：“法院的判决不能够让人民都满意。”据说引起了常委会一些人极大的不满，你不能够让人民满意，法院的性质是什么？只要法律的判决能够符合群众大多数人的意见，大多数人都满意了，那就是一个好的判决。能这样来说吗？法院的判决本身应该是高度专业化和高度公正的产物，而不是群众来做出的决定。

法律经验主义

马国川："文革"结束，也标志着法律虚无主义的终结，至少是在国家层面上已经认识到，没有法律是不行的。

江平：从改革开放开始，我国的法治进入了法律经验主义阶段。法律经验主义之所以出现，有很深刻的历史背景。邓小平同志提出来"摸着石头过河"，曾经受到一些人的赞扬，也有一些人称之为经验主义。在改革之初，我们知道中国要走向另外一个"岸"，要摆脱原来国家无所不包的高度控制状态，走向一个开放的社会，那彼岸究竟是什么样呢？确实不是看得很清楚。在这种情况下，就要"摸着石头过河"。

马国川："摸着石头过河"也就成为相当长的一个时期之内法律发展的指针。

江平：一段时间里，法律人里面实际上有两种思考：一种是，希望能够像美国一样先做制度设计，有一个宪法，然后一管就是 200 年，甚至更长，这当然是一个很好的办法，但是需要很好的制度设计；另一种是先摸索，当实践充分了以后，再把它上升为法律，成为制度。我把前一种叫作法律理想主义，它用法律制度设计来开创改革道路，显然不符合实际。据我所知，这种东西大概只有几个，专利法是这样的。当时必须先有专利法，先有制度的完全设计，然后才有实践。第二个是行政诉讼法，不可能先有行政诉讼的实践，然后再有行政诉讼法。再有就是中外合资企业法。1978 年我们想吸引外资到中国来投资，外商不来，他们会问，我的权利有哪些，我的权利怎么保障？所以必须先有法律才来投资。委员长叶剑英很着急，要求国务院半年之内提交中外合资企业法。任务很着急，从来没有经验，只能够借鉴国外的法律。绝大多数的国家法律规定，外商投资比例不得超过 50%，因为一旦超过 50%，董事长就是外国人了，控制权就被外国人掌握了。所以我们当初拿出来的中外合资企业法也是外商投资比例不能够超过 50%。这个草案拿去给叶帅一看，他说，这样的法律有什么很大的意义？他说多多益善，少不行，多不受限制，少不能低于 25%，多可以到 80%、90%。旁边的工作人员就提醒，如果超过 50% 董事长就是人家的了。叶帅说那好办，咱们在法律上写上，超过 50%，董事长还只能由中方代理。到了 1991 年修改中外合资企业法的时候，觉得这不符合世界的普遍规则，所以那次修改主要是修改这一条。

马国川：法律先行毕竟是个案，绝大多数是实践充分了以后，再上升为法律。

江平：在改革时期也只能如此。农村土地承包法什么时候出来的？是农村的土地承包经验很充分以后，才用法律的形式固定下来。一位“三农专家”说：如果依照你们法律人的搞法，那就永远没有农村土地承包。农村搞土地承包经营制，能够先搞一个法律吗？显然不可思议。

马国川：俄罗斯的私有化改革，就是“先设计后施工”。

江平：1991 年“八一九”事件之后，由青年改革家盖达尔和其他一些人关起门来研究私有化的过程。这些人用了一个半月的时间，起草了一部法律和 20 个法令，1992 年 9 月颁布了私有化的方案，把国有企业变成了私有化的证券，规定 1992 年 9 月 2 日以前出生的每一个俄罗斯人都可以领到一张面值 1 万卢布的认股权证。这完全是精心设计好的。但是这种法律先行的最终结果是，认股权证被一些人收购起来，出现了寡头垄断。

马国川：对比来看，我们这样的一种经验主义看起来是慢一点儿，或者有一些曲折，但是总的损失相对小一些。

江平：事实说明，法律经验主义的保守、谨慎，对于正在进行的改革确实有利。从1982年我们就开始搞民法典，第四稿都已经很成熟了，快要提交通过的时候，全国人大常委会委员长彭真的讲话改变了进程。他说，农村的改革我们大体已经知道了走什么方向，但是城市里面究竟怎么搞？国有企业走什么路？经济将来到底是计划呢还是市场？都没有一个最后的定论，或者说明确的方向。在城市改革还没有明确方向的情况下，搞一套完整的、系统的、无所不包的民法典，符合不符合实际？在这种情况下，如果我们搞一部无所不包的民法典，可能是不切合实际的，甚至是束缚改革的。彭真提出了一个很值得我们思考的问题。

马国川：也就是说，没有急于搞民法典是正确的？

江平：制度是从哪里来的？是从我们法律人或者法学家或者立法人的脑子中出现的呢？还是在转轨的时候从实际出发、从现实出发总结出来的呢？应该说30年的改革，没有碰到太大的波折，或者非常大的损失，可能跟法律经验主义有关系。

马国川：但是我们进一步的改革开放，能不能在经验主义的基础上来完成？

江平：这个问题我也一直在思考。我随便举一个例子来看一看。农村土地制度是进一步改革很大的难点，为了避免在全国一刀切，所以在物权法里面写得比较笼统。但是在物权法通过了以后，紧接着重庆和成都就搞城乡一体化的试点，包括土地的问题。这些试点有些已经超出了农村土地承包法、物权法的规定，这些问题究竟怎么看？我是完全主张中国的改革还要进一步试点的，因为如果不试点，在法律上仓促规定，很可能对全局造成危害。现在如果只在一个省或者一个直辖市进行，那么它即便有问题，它所造成的危害也会少一点儿。

马国川：法律是保守的、刚性的，不能够随便改。而改革开放实践又是很柔性的，是不断前进、不断发展的。如何解决两者间的关系，是一个难题。

江平：台湾学者陈长文送我一本书《法律人，你为什么不争气?》，马英九在这本书的序言里面讲，当初他父亲希望他学政治，反对他学法律，说“马英九学法律，法治观念太强，司法性格太重，守经有余，权变不足”。这几句话我们应该很好地思考。因为学法律的人总是把法律尊为经典，条文是不能够随便动的，如果随便变更法律条文，就是破坏法治。在这个意义上来说，法律有其保守的一面，就是“守经有余，权变不足”。法律一旦制定，变通余地很小。物权法在制定的时候，写了禁止城市人到农村买房，大家说这一条千万别写上，如果写上变通余地一点儿都没了。所以我们应该看到，法律既有它积极的一面，又有它消极的一面。如果它不是好的法律，是恶的法律，出来了以后，或者条文规定太不符合现在改革开放的要求，那么它给社会带来的损害比没有这个法更危险，这是学法律的人必须看到的。30年来有三种人为推动中国改革做出了突出贡献：经济学家、企业家、开明的政治家。如果评选改革开放30年的风云人物，经济学家有一些，法学家没有。法律人既要看到自己的优点，也要看到自己的不足。法学家要向经济学家学习。

马国川：在这种情况下，我们就要考虑怎么办。

江平：我认为在这种情况下，有三个途径，一是先修改法律。由于改革在不断前进，社会经济在不断发展，不适应现在要求的法律要修改。二是现在制定法律时要留有余地。法律不要搞得太刚性。有的法律刚性太足，恰恰妨碍了改革开放的发展。三是要有授权。如果你要想改变土地管理法，你不能够只有国务院的授权，应该有人大的授权。国务院给你的授权，你可以突破国务院的规定，人大的授权，你才能够突破法律的规定。

马国川：您如何评价法律经验主义？

江平：在法律经验主义基础上，我们走了很长一段道路，减少了损失，但是也有一定的弯路，有前进，也有倒退。经验主义发展下去，要逐渐从里面出现法律的理念，不能够仅仅是一个制度的设计，还要有一个理念的设计。

走向法律理念主义

马国川：什么是法律理念主义？

江平：所谓法律理念主义，就是把法律从工具、从制度变成治国的理念。1999年宪法里面写进了“实行依法治国，建设社会主义法治国家”，可以说是中国走向法律理念主义的开始。十七大报告里面，一方面讲社会主义法治的理念，一方面又讲了弘扬法治精神。“五四”青年节期间温总理到中国政法大学来也多次谈到法治精神。

中国有些用语很有意思，前一段对于到底是叫“法治理念”“现代法治精神”，还是“社会主义法治精神”，一直都有争论。保守一些的人就用“社会主义法治”来为自己的理念说话。

这是很有意思的现象。我记得当初提“社会主义市场经济”时，人们就有不同解读：思想解放的地方强调的是“市场经济”，保守的地方强调的是“社会主义”。前两年某著名经济学家谈的就是这个问题，他说，我们的市场经济忘了一个是马克思主义的经济学，一个是社会主义的市场经济，把社会主义忘掉了。当然，宪法上所写的，或者党代表大会决议、报告里面所写的，就是求最大的公约数。你要光写市场经济，有些人可能就不接受；如果你要写计划指导下的市场经济，另一些人也不接受。

马国川：法治在今天是不是也面临这样的困境？

江平：改革开放30年，无非就是两个主轴：一个是市场，一个是法治。而这两个主轴都面临如何理解的问题。所以我们需要很好地来思考：究竟怎样理解法治精神？我认为，在今天，市场经济和法治更多是在和国际趋同。虽然市场经济里面可能还有些经济命脉需要国家控制，但是市场是什么？应该是有一个共同的语言；同样，法治也应该有一个共同的准则，也应该在国际上有一个共识。如果连这些共识都没有，谈何弘扬法治精神呢？我们刚刚踏入法治理念的大门，有分歧是必然的，但我觉得任何事物都要找出它最基本的东西是什么。我觉得法治精神中最基本的，无非是民主和自由这两个基因。

马国川：在您过去的著作中也讲到了，中国法治建设的发展，就是一个曲折的过程，或者说是进两步，退一步。

江平：进，进到哪里？退，退到哪里？总得有个交代，这样我们才可以对历史负责，走向一个更光明、更好的前程。不能笼统的一句话，道路是曲折的，前途是光明的。不知道总结自己历史教训和历史经验的民族，不是一个严肃认真的民族。这30年来，我们知道自己是从哪里走过来的，但是究竟将来走向何处去，现在看起来仍然有争论，仍然有困惑，仍然有一些不确定的因素。

60 年前，我还是国民党统治区的高中学生，在参加学生运动时，就是高喊着民主和自由的口号。我想，建立法治国家、弘扬法治精神，民主和自由仍然是现在我们所追求的目标。对我来说，60 年前是要为民主自由而努力奋斗，今天这个任务仍然存在。当然，我认为中国的民主进程只能循序渐进，只能在目前的体制内来进行。我们这一代人经历了个人的磨难和苦难，也经历了国家的磨难和苦难，所以希望中国不要大乱，希望中国富强、政治民主、社会公平。如果现在出现了体制上的大乱，那么中国就要走向历史的大倒退。

（《江平谈“中国法治三十年”》，选自马国川编：《中国在历史的转折点：当代十贤访谈录》，中信出版社 2013 年版）

依法治国离不开律师的监督

律师制度的成败关乎国家的兴亡

《中国经营报》：您十分关心律师行业的问题，曾多次在公开演讲中提出："律师兴则法治兴，法治兴则国家兴"的观点。为什么您如此重视律师的问题？

江平：我认为律师是一个国家法治文明的标志。十年前，我为《中国大律师》一书作序，就曾以《律师兴则国家兴》为题写了一篇文章。在那篇文章中我指出了律师对于国家的重要性。

有人对"律师兴则国家兴"这个提法，曾表示疑惑和担心，认为是不是过分提高了律师的地位和作用？

我认为这种观点有问题，它忽视了律师在"国家兴"中的能动作用。所以，我说"律师兴则法治兴，法治兴则国家兴"。律师在依法治国进程中应起到更积极、更主动的作用。只有律师制度发达了，国家的民主、法律制度才能够更加完善，律师制度的成败关乎国家的兴亡。

《中国经营报》：您认为该如何理解“律师兴、法治兴和国家兴”三者之间的关系？

江平：我认为这句话可以从以下几个层面理解。第一层意思是：国家兴盛不仅仅是经济兴盛，更重要的是民主兴、法治兴。

我们也认识到经济增长指数不等于幸福指数，幸福指数应包含物质和精神两个方面。精神上的幸福指数，很大程度上是指人所享有的自由度。

律师无疑比其他人应享有更多的自由度。只有当自己享有了更多的自由时，才有可能去帮助那些失去自由的人或更需要自由的人。当一个社会人人都没有多少自由时，也就没有了律师生存的空间。

“律师兴则国家兴”的第二层意思是：我国的法制体系由公（安）、检（察院）、法（院）、司（法）部门组成。律师只是司法部门的一个组成部分，而且是排序末位的一个组成部分。律师的地位不足以和公、检、法的庞大力量相抗衡，但是如果从司法审判中的地位而言，在法官、控方、辩方三方之间，律师是代表一方，起着三足鼎立的不可或缺、不可替代的作用。

如果从权利格局来分析，也可以说只有两方：一方是公权力，由国家机关行使；另一方是私权，律师代表的私人（公民），要和庞大的公权力机关相抗衡，他的作用之大可以想见。

我想说“律师兴则国家兴”的第三层意思是，“春江水暖鸭先知”，律师亲身活动在法治第一线，中国法治的现状如何？水深水浅？水暖还是水寒？应该说律师是最早体会得出的。

所以，律师不仅是法治王冠上的一颗宝石，律师作为一个群体，理应在中国法治的舞台上扮演更为主动的角色。

要依法治国，就离不开律师监督

《中国经营报》：党的十八届四中全会审议通过的《中共中央关于全面推进依法治国若干重大问题的决定》（以下简称《决定》），提出全面推进依法治国，建设社会主义法治国家。您认为，在全面推进依法治国的过程中，律师将发挥什么作用？

江平：十八届四中全会审议通过了依法治国的决议，我认为律师肩负的责任更大了。

因为全面推进依法治国，建设社会主义法治国家，对于我们的律师而言，身上肩负的任务有两个。一个是服务之道，一个是治国之道。

所谓服务之道是指，律师和社会上其他职业一样，都是为社会提供服务，为我们的委托人提供服务。

我经常说律师的职责就在于维权。所以服务之道实际上，律师并不是维护自己的权利，而是维护他人的权利。

律师要尽心尽力地维护当事人的权利。正是因为这一点，律师在履行服务之道的时候，就要受到社会的监督、受到司法局的监督、受到我们政府有关部门的监督。律师不能脱离你的服务的规则、服务的职责、服务的本分。

长期以来，律师都是作为一个被监督的对象。但是如今，党中央提出依法治国之后，律师的角色定位就发生了变化。

在全面推进依法治国的过程之中，律师应该起到更多的监督者的作用。这就是律师肩负的治国之道的责任。

因为律师在工作中，会和其他很多部门都打交道。律师既和当事人打交道，又和公安机关、检察机关以及法院打交道。所以在这个角度上来说，律师最了解中国法治的现状。

所以，律师应该是亲身体会中国法治现状的证人，他们最有发言权，他们比大学教授有更多的发言权。大学教授只是用书本上的知识来教学生。律师则是在亲身体会中国的法治建设。

从这个意义上来说，律师身上的任务，除了服务之道之外，还有一个治国之道，要依法治国，就离不开律师的监督作用。

《中国经营报》：十八届四中全会中提出“构建社会律师、公职律师、公司律师等优势互补、结构合理的律师队伍”。您认为这会对律师行业产生什么影响?

江平:《决定》把律师分为三大类:社会律师、公职律师以及公司律师。这种划分方式是与国际接轨的,也为律师行业的发展开辟了更广阔的前景。未来执业律师的数量会大大增加,企业法律顾问的地位会越来越重要,公职律师将日益作为政府依法决策、依法行政的重要骨干。

社会律师就不用说了,目前律师行业绝大多数都是社会律师。

过去企业的法律顾问是要单独考试,叫企业法律顾问。现在我们要把公司律师和企业法律顾问合二为一,都叫公司律师,这个方向很好。

公职律师,也可以叫政府律师,是为政府机关提供法律服务的律师。《决定》中提出,要“积极推行政府法律顾问制度,建立政府法制机构人员为主体、吸收专家和律师参加的法律顾问队伍,保证法律顾问在制定重大行政决策、推进依法行政中发挥积极作用”。

现实与这个目标还有很大的距离。现在政府部门有法律顾问可能只是少数,一般是中央部委、直辖市或者较大的市才聘请法律顾问。

大多数政府的法制办实际是来履行政府法律顾问的职能。

要落实《决定》中提出的目标，应该在政府里面也设立公职律师。

这三种律师各司其职，各自在自己的业务领域提供法律服务。这样中国法治的兴旺就大有可为。

（江平教授在北京市法大律师事务所主办的“律师兴则法治兴”研讨会上接受记者许浩的专访，原载《中国经营报》2015 年 1 月 1 日，收入本书时有删节）

法律人参政并非“天然”法治

近年来，具有法学专业背景并以知名学者身份从政的法律人越来越多，从而吸引了不少社会公众的眼球，“法学家从政”“政法系”的名号不胫而走；甚至有人认为，“法律人之治”就是“法治”。

这一现象的浮出水面，对于处于社会转型期的中国社会来说，无疑是值得好好思考的：法律人参政的现状如何？为什么会引发公众的普遍关注？法律人参政有哪些优势和不足？法律人参政是否一定导向法治理想？未来中国的领导人是否出自这个群体？通过对这些问题的追问，不难发现，在职业革命家——工程师——经济学家和法学家，这一系列角色变迁的背后，我们更应关注制度建设，这才是“法治理想国”的“终南捷径”。

刚刚起步的法律人参政

新京报：“法律人”群体包括哪些？

江平：在英文中，法律人就是“lawyer”，一般翻译成律师。但准确来说，它是“法律人”。法律人就是以法律作为职业的群体。这样一个群体不仅包括以教授法律为业的学者，而且包括把法律作为工具应用于社会的职业，如法官、检察官、律师，甚至包括在公司等组织中从事法律工作的人。他们受过正经的法律训练，懂得法律专业知识，具有法律思维，这些人构成了法律人职业群体。

新京报：法律人参政现状如何？

江平：刚刚起步，还不是为数众多。参政有广义与狭义之分。狭义上谈参政，对西方国家来说就是担任议员、总统、内阁的主要成员。法律人参与政治，我的理解就是在一些国家机关里面担任职务，或者成为各级人大代表、政协委员等；至于将来是不是可能成为政府的高层领导人，这都是可以探讨的。拿人大来说的话，全国人大里边虽然法律界代表越来越多，但相对来说还是很少。据报道，现在全国人大中律师界的代表才六七个人——就2900多人的人大代表来说，这是一个非常小的比例，连1%都不到。

新京报：这种比较应该说是相对的。

江平：是的。我们国家在领导人层面，第一、第二代应该说是从职业革命家中来；如果说从江泽民同志算起的话，基本应该算是工程师出身居多。现在的国家领导人里，学法律的也还较少。1997 年，江泽民同志在十五大报告中提出依法治国的基本方略。在建设法治社会的过程中，社会发展客观上需要管理者具备相关的法律、管理等学科的知识，这是正常的。

参政法律人如何对待权力诱惑

新京报：社会转型期内，什么原因让法律人参政成为一种社会现象？

江平：国家逐渐重视法律的作用、法律人的作用，我想恐怕还是跟依法治国战略有关。宪法提出来要尊重和保障人权，这里边涉及的法律问题越来越多，尤其是在行政管理领域。如我们常常讲到的信访，其实信访制度中很多都是法律问题，或者说我们要把信访变成一种长效的机制，这种长效的解决问题的机制就是法律机制。如果今天找一个省长来解决，明天找一个书记来解决，那还不是长效机制。在那种情况下要建立一个秩序、一个规则，这个规则和秩序离不开法律。

新京报：法律人参政能够聚集不少社会公众的眼球，为什么？

江平：我想这至少反映了两个问题：一个是人们对国家法治化进程中法律人的期望，另一个是人们某种程度的担心。人们期望官员里面，能够有越来越多的法律人出现，这应该是国家之幸。也有人担心这些选择参政的法律人如何面对权力欲。在社会里，终究权力的诱惑是很大的，也就有很多人希望去当官。因为当上高官可能比当教授更应有成就感，或者比当教授更能锻炼自己（笑）……

新京报：这倒很有意思。

江平：我自己有亲身感受。作为一个大学教授，如果我和国家机关的某一个“长”一起到外面去，这两个人对人们眼球的吸引力就不一样。他们虽然尊重教授，但是并没有把你看作有多了不起；但对国家机关某一个“长”，马上就刮目相看——所以权力的诱惑是很大的。我们希望这种参政主要不是因为对权力的欲望，而是希望更好地使权力运转起来——因为毕竟他们学习了法律，懂得权力为什么必须要接受制约和监督这些理念。可是往往有些法律人一旦掌握权力以后，不希望别人过多地制衡、制约他，人在什么地位说什么话。所以我们也碰到过这样的人，在学校当教授讲课是一个样子，到了官员位置时就是另外一番态度。

直面参政的优势与不足

新京报：与以往的工程师参政、经济学者参政不同，法律人治国有哪些独特优势？

江平：与经济人相比，法律人参政有好处也有坏处。

没有哪种东西是有千利而无一害，或者有千害而无一利的。好处的话嘛，我想最主要的是，学法律是治国之道，既然选择了学法律，那就不能仅仅拿它作为谋生之道。因为是医生出身，马来西亚的前总理马哈蒂尔对律师来当总理不太感兴趣，他认为，总统也好，总理也好，最好是医生来当。因为医生看病先看症状，然后找出原因，找出治好病的药方，再通过药方把病治好；而律师则不然，律师是拿了别人钱，为别人办事。

这个认识值得商榷。律师是靠法律服务社会的职业，他当然要“拿人钱财，替人消灾”。打个比方说，法律也是治理国家的一个药方，它首先看社会存在什么问题，然后才针对这些现象，研究用什么更好的方法来解决问题。所以在这个意义上，我们也可以说，人文科学是以社会作为舞台，法律本身也是为社会看病的一个药方。

新京报：刚才谈到，法律人也有自己的不足。

江平：当然。我看法律人参政，最大的一个不足就是有时候自己视野比较窄，仅仅从法律的角度来看问题。

社会包括经济和许多其他方面，所以我们提倡法律教育的目标应该是培养复合型人才，而不能仅仅就法律来谈法律。一个合格的法律人需要了解众多的社会问题。从一定意义上说，法律人参政，本身就是法律人走向社会、开阔视野的过程。

在法治进程中力促人与制度良性互动

新京报：制度与人的关系问题，一直是一个“剪不断，理还乱”的老话题。

江平：这个问题还是应该从两个方面来看。本质上来说是如何认识法治和推行法治过程中的人的关系。法治建设一是取决于制度，二是取决于人才。这两个东西非常重要，但比较起来，最根本的仍然是制度。如果法治没有一个很好的制度设计，仅仅靠“人”，那么这仍然是人治。从世界各国的法治发展历程来看，完成法治的最根本思想，恐怕还是要靠制度。

新京报：也就是说，我们更加应该关注角色变迁背后的制度建设。

江平：是的。中国市场经济制度应该说在逐渐完善，但包括社会保障和其他很多的制度仍然还需要再建立、再改革。司法体制的完善等很多方面，现在还有很多事要去做。所以在这个意义上说，我们始终要把法治的完善看作是一个制度的完善，这才是最重要的。如果我们不从制度的角度去解决这些个问题，仅仅从选拔这个“人”去看的话，这不能说是解决中国法治问题的根本。

新京报：但是任何制度都是靠人来建立和完善的。

江平：所以我们也要重视“人”的作用。我们要看到，法治的完善与否，与推行法治的人是否有先进的法治理念和法治思想、是否受过良好的法学专业培训和熏陶、是否全力推进法治建设有很大关系。举司法系统来说，基本的制度都建立了，虽然还有不完善之处，但我们还需要有很高素质的法官。如果制度有了，但人的素质跟不上，那也没用。法院是这样，那么政府机关呢？其实也是这样！在这种意义上来说，我认为法律人参政是一个好现象，是一个必然趋势。

（原载《新京报》2005 年 8 月 21 日，
采编记者陈宝成，收入本书时有删节）

律师兴则法治兴

江平先生被称作中国民法的“教父”，如果说民法的核心是个人的尊严与自治的话，那么它最大的对立面就是计划经济和政治国家。为权利而斗争的律师时时刻刻需要面对的不也是强大的政治国家吗？选择江平先生，不仅是因为他在法学界的名望，更重要的是他秉持的理念与我们心心相通，何况，作为一位法学精神的引路人，律师的荣辱兴衰也一直是先生的心之所系，多年来，他一直奔走前沿，为法治呐喊，也为急需助一臂之力的中国律师呐喊。

律师要有正义感

赵国君①：您好，江先生，很高兴您在百忙之中接受我的采访，谢谢您对中国律师命运的关心。长话短说吧，在刚刚结

---

① 法律学者，曾编著《与正义有关：中国律师纵横谈》《法治必胜》等书。

束的第四届中国律师论坛上您做了个报告，题目是《中国律师的环境与资源》，您提到：抛开外在限制，律师的资源有一部分是自己给弄丢了，为什么这么说呢？

江平：律师的环境就是法治的环境，法治的环境越好，律师从业就越方便，法治环境越差，律师自己的执业环境就越不好。现在确实有的律师在破坏自己的环境。律师本身搞一些违法的事情，想融通和法官的关系，去开辟资源，使自己能够更多胜诉的机会，这本身就在破坏法治环境。所以，在这个意义上讲，我说，律师不能自己破坏自己的生存环境。

赵国君：有的律师说：为权利而斗争，有的律师说：我与正义无关！是有钱就说理？还是为了追求正义而战？无论国内国外，这都是一个令人困扰的问题，如何平衡二者之间的关系呢？

江平：关于这个问题，包括律师为权利而斗争，仅仅是问题的一个方面。我在讲律师的时候，始终认为律师包括两个方面。一方面，律师学了法律应该有个治国之道吧，要遵循法治的要求，要有一个理念。学法律的人固然需要埋头于法律条文的诠释和学理的探索，但离开了民主、自由、人权这样基本的目标，法律就会苍白无力。所以就不应该忘记法律的崇高目标。另一方面，也要有个谋生之道，或者说服务之道。律师并不是不食人间烟火，律师首先是一个职业，职业有个存在的前提和发展的基础，就是谋生之道。认清这两个方面是客观对待律师的前提。

赵国君：可现实生活中，眼睛向上、向钱的律师太多，唯利是图和讼棍型律师极大地败坏了律师的形象和声誉，人们对律师的评价好像并不高？

江平：田文昌律师不久前说过一句话：律师既不是天使，也不是魔鬼，既不代表正义，也不代表邪恶。这句话说得比较客观。律师并不是天使，任何人找到律师后，律师就能够得到一切，好像律师天生就能摆脱人间的苦难，也不是这样的。但也不能说律师就是魔鬼，因为收了人家的钱了，就说他的不好，也不正确。我的意思是：应该先按一般的人去看待律师。当然，他又不能等同于一般的人，应该有更高素质的要求，除了为当事人服务之外，还应该心存一个理念：为权利而斗争！为中国的法治建设而努力！

确实有些律师违反了职业道德，但要具体问题具体分析。唯利是图的人任何一个行业都有，医生有，教授有，甚至院士也有，不是律师行业的“专利”，要用平常心去看待。但是，如果唯利是图走向了极端，医生就是拿红包，不给红包就不好好看病，律师拿了当事人的钱就不好好服务了，这些问题都是走向了极端，已经违反了职业道德，要坚决予以反对。我的意思是，讲律师应该是什么样人的时候，一要有一个比较高的道德标准，二要有平常心。不是要求所有的律师都是超人式的，都是为了一个崇高的目标什么都不需要的，这也不客观，当然我们希望更多的好律师出现。终归许多律师是靠这个职业生活的。对现实的宽容并不否定律师的崇高使命，并不是鼓励人做得更差。我想，这个道理很容易明白。

赵国君：幸亏我们这个时代还有像张思之先生这样的律师，一身正气，不畏权势。我觉得从他身上体现了一个好律师所具有的使命感和正义感，您认为我们的律师应该具有怎样的使命感和正义感呢？

江平：我觉得律师的使命感有两个：一个是确实为那些需要法律援助的人提供帮助，为弱势阶层服务，为他们的利益而奋斗；另一个就是为我们国家的法治建设起到推动作用，当然现在法治环境并不好，腐败也好，以权谋私也好，应该要不畏强权，服从法律。我想张思之律师可贵之处也正在于这两点吧。他为那些弱势群体，包括政治上受到迫害或没有公正待遇的人出庭辩护，表现出难能可贵的勇气，的确是不畏强权的化身，的确让人钦佩！

我觉得正义感本身就是要解决是非善恶的问题。律师就应该以维护基本人权，实现社会正义为使命。学法律、运用法律的人要有一种善恶的观念，要有一种悲天悯人的情怀，也要有一种拯救人们于苦难的情怀。所以，正义感是很重要的。

不要有双重人格

赵国君：从您、张思之、吴敬琏等一代人的身上，我们看到的是一种精神，那就是对民主、自由的无比珍视，对公平正义不尽的追求，一股说出真话、追求真理的勇气，你们的家国之忧、忧患意识、道德勇气都是非常难能可贵的！您也曾说，学法律的人缺少赤子之心！律师应该具有怎样的赤子之心呢？

江平：任何一种职业只要存在某种权力，这种权力都有被玩弄或滥用的危险。有权的人要玩弄权力，有钱的人玩弄金钱，医生也可能玩弄医术，懂得法律的人也会玩弄法律。可以说是个规律，人只要手中掌握着别人没有的东西就会滥用。孟德斯鸠不是很深刻地指出过，自古以来的经验表明，一切有权力的人都容易滥用权力！所以才提出三权分立，以权力制约权力的伟大理论嘛。做教授的也要考虑，手里有了专门的法律知识，是不是也存在谋私的权力了呢？在这个问题上，要不断地反思，自己的这种言行是不是对得起良心，对得起社会，对得起历史赋予我们的责任呢？应该深思。我们这些人过去都处在压抑中，政治运动，严酷环境往往容易使人形成双重人格，双重人格反映了环境的残酷，也反映了人性的脆弱，无论从事什么行业都容易有扭曲的心态。我认为做人非常重要的一点就是要尽量避免扭曲的人格。所谓宛若赤子也好，赤子之心也好，应当是始终如一、表里如一。一个人一辈子下来大体上都是这样的，怎么想的就怎么说，怎么说的就怎么做。表里也应该是这样。有一些人之所以可贵就是因为他们是这样的人。像吴敬琏并不因为现在他有很高的地位了就觉得够了，他们还是有很多社会责任感和历史使命感，还要继续为自己的理想、自己的理念去奋斗！赤子之心不仅是始终如一、表里如一的品质，还应该始终有为人民、为社会的责任感，而不仅是追求一己之得失和生活上的安宁，还要有一个精神上的追求。

赵国君：是啊，我觉得律师行业尤其如此，尽管您对律师服务谋生有着足够的宽容和理解，但律师毕竟不能等同于一般的服务业，不是一般的商人和营利的行业，它所操持的知识与信仰的理念与其他行业十分的不同，甚至更应该强调它的使命感与社会责任。如果律师唯一的作用是为别人的目标提供实现的方法，那么他也只能是一个听话的仆人，不是的，他应该有更高的使命、更高的信念。

江平：对，律师最高的信念我认为就是为权利而斗争！一个律师如果真正实现了为权利而斗争，每个人都知道他的权利价值，而且作为律师能够为保卫他人的权利而尽心，他就实现了这个价值。为权利而斗争，并不在于权利本身的金钱价值是多少。在这个问题上，作为一个律师的使命，就是要为他人的权利而斗争。因为我们的当事人、委托我们的人不管是诉讼案件，或者非讼案件或者公司企业，这些人往往是最不了解自己在法律上享有哪些权利，那么你给他以法律援助，使他懂得自己有哪些权利，如何为自己的权利而斗争，如何行使保护自己的权利的这种程序，这就是律师的任务。所以，作为律师来说本身的任务就是为弱者、为当事人、为你的委托人的权利进行斗争！

我一直主张必须给予公平合理的补偿！

赵国君：在律师为权利而斗争的路途上，横亘着强大的权力。维护权利，就必须挑战强大的公权力！因为按照近代的政治学说，个人权利远在公权力之上，出于不得已的让度，才产生了公权力。但公权力又是个人权利最大的破坏者和值得防范的敌人，这种悖论要求必须对权力有所制衡和限制。您也曾说过：国家和社会之间也存在着一个权力制衡的问题，律师在其中起着至关重要的作用，为什么呢？

江平： 律师手中没有公权力，不像法官，不像检察官，不像政府，在我国，还要加一个党的权力。从这个意义上来说，律师处在权力最弱势的一面。在这样的困境下，律师就非常有自卑感，比起法官、检察官和政府官员来显得矮人一等，因为没有权力嘛。我常常讲律师不应该有这样的自卑感。手中没有那些国家的权力，但还有一个强大的后盾，那就是社会的权力。任何国家都把律师看成社会工作者，它的权力来自于民间，来自于社会。以社会权力对抗国家权力，相比起来可能处在弱势，但某种意义上说却是很崇高的，因为它服务对象所面临的也是国家权力。无论是国家对他公诉了，或者是一个民事诉讼、行政诉讼，都是弱势群体。可能他是杀人越货的强盗，曾经很厉害，但在检察院、法院、公安局这些强大的国家机器面前，在庞大的党政权力面前也就变成弱势的了。所以，律师是对弱者伸出法律援助之手，以专业技能和专业知识与强大的权力对抗。另外，从法治的角度讲，尽量使天平均衡，不要使国家权力过大，使它向社会一方倾斜。从而，律师在国家与社会权力的制衡上起到了一个非常重要的作用，不断地匡扶正义，维护弱势群体的利益。这个弱势群体当然包括刑事犯罪分子，被抓起来之后，一切权利可能就被剥夺了，权利就更需要维护。现在有人对律师为犯罪分子、腐败官员辩护很不理解。例如，田文昌律师为沈阳“黑社会”头子刘涌辩护，政法大学有个学生居然说：“当初，你为大邱庄受欺压的农民辩护我很敬佩，可是你竟然为‘黑社会’头目辩护，我很失望！”我觉得这就不像一个学法律的人说的话了。权利是普遍的，一致的，怎么会有挑三拣四的分别？律师就是为权利而斗争的。在斗争的过程必然要对抗权力，挑战权力，实际上也是为了保护权力更好地实行。权力制衡是民主社会不可缺少的东西，它也是一个国家民主制度、法制建设是否完善的一个标志、尺度和试金石。律师的制衡就是通过民间的力量去制衡，因为监督的一个很重要的方面是民间监督和舆论监督，所以，律师是民主制度的捍卫者。

赵国君：您也曾就如何控制强大的行政权力，合法拆迁发表过许多看法，在律师如何面对行政权力的问题上，他和普通民众没有什么区别。您认为拆迁问题中最突出的问题在哪里呢？

江平：按照世界各国的经验来说，面对着强大的行政权力只有通过司法权力进行抑制才是有效的，那就是司法审查。对政府的具体行政行为也好，抽象行政行为也好，只要它违反了宪法或法律的精神，侵犯了公民的权益的时候，就应当通过法院来救济或改正。中国目前最大的问题是缺乏一个宪法法院和司法审查制度。拆迁事件也涉及了关乎律师执业的法治环境问题，即如何控制行政权力的问题。

在具体拆迁的问题上，有几个概念要分清楚，如拆迁要以公共利益为标准，但什么是公共利益？公共利益与商业利益要分清楚，特别是在决定拆与不拆的问题上绝不能由政府或开发商一边说了算，政府根本就不能参与其间，政府怎么会和开发商搅到一起?！做律师的知道，这里面有个正当性的问题。强制手段的行使要慎重，并且必须受到严格的限制，谁能行使强制手段？开发商？还是开发商与政府一起？都不能！政府应该是市场外的主持公正者，是裁判，是警察，而不能混进来和商人勾结在一起。另外，即使要拆了，该如何补偿？也是个大问题，甚至是问题的焦点，为什么这么说呢？因为现在的拆迁往往是已经定好了的，没有商量的余地！程序严重违法又不能改变或追究，那么补偿问题就成了突出的问题了，肯定应该是公平合理的原则了，一般国家是按市价所值予以补偿，美国叫作“公平市场价格”（Fair Market Price）。在稳定而成熟的市场体制下，这个问题很简单，补偿价格通过市场交易来确定的。一栋房子拆了，现在值20万，等你开发完了，土地增值了，这里的房子值80万了，怎么办？美国人认为你得补到相当于原来的房地产主自愿地出售其房地产的程度。主动权在房主这一边，可以说既能决定房子的命运，又能得到好价钱。这样的制度保护是非常全面合理的。还有一个问题，对政府的抽象性行政行为应该可以告，现在大量的政府文件和地方法规在左右着拆迁，法律救济遇到了“瓶颈”，不能告，岂不把大多数人排除在司法之外？

赵国君：是不是土地归属个人了，问题就好解决一些？

江平：这么说也不对。英国所有的土地都是国王的，你怎么说？香港土地是谁的？也没有一个是私有的。未必应该以土地私有来看这个问题。是不是土地私有化？那是另外一个更复杂的问题了。律师面对的现实问题是，在农村，农民的土地被侵占了，被以很低的价格收买了，怎么能够侵占呢？我一直主张必须给予公平合理的补偿！具体什么是公平合理的补偿，怎样确定补偿价格需要认真对待，但也不能简单地以土地制度看这个问题。

不要“鸟笼法治”！

赵国君：去年 SARS 过后，您与其他三位著名的学者有过一场对话。谈到“如何把公权力变成公信力”的问题，提到减少公权力对新闻的控制力，公信力需要民意来评判，权力不能以谎言的形式运作。我们律师面临的情况是现在许多案件以各种理由不能公开审判，甚至有法院对媒体记者下了封杀令，在您看来这种关门审判的原因是什么？如何看待传媒与司法的关系呢？

江平：司法当然要公开了，任何国家的权力行使过程中都应该有透明度。在去年的 SARS 事件中，起初民众的知情权被剥夺了，致使疫情蔓延，造成很多人死亡。这就涉及了政府信息公开的问题，在吴邦国委员长主持召开的会议上，我们八个教授参加了，很多人谈到了公民知情权的问题，促进了政务公开条例的出台，政务不一定都公开，但哪些应该公开，哪些不能公开，应该明确。当然任何国家的政务都有一定的秘密性，不能所有的政务都应该公开而把应该保守的秘密扩散了，也不能借口都是秘密而剥夺民众的知情权。凡公开的东西新闻媒体都应该接触得到。司法制度也需要新闻媒体的舆论监督，这是不可或缺的。西方法治国家大多数问题都是靠新闻舆论监督来反映出来的，我们不能仅仅靠上面的监督、党的监督、人大的监督，必须还要有舆论的监督。之所以有人封杀媒体，关门审判，还是法治观念和利益冲突的问题。不敢公开的审判怎么让人确信它的公平？我们强调新闻媒介的导向作用，但导向也该有个社会良心啊，为了一己之私，没有社会良心的导向是什么？那不走上歧路了吗？法治建设里的监督非常重要。另外，新闻媒体里有没有法治啊？什么消息让登，什么消息不让登，有没有判断的标准？宣传部门常常下一些“决定”之类的东西，对这些决定可不可以申辩？可不可以复议、诉讼？我看，反过来讲，新闻媒体离法治还太远，法治建设还有很长的一段路要走。

陈云同志对市场经济有个形象的比喻，“鸟笼经济”，说的是市场虽然有自由，鸟也可以自由地飞，但不要飞出鸟笼，说明我们国家里的管制还是很顽强地存在着。我们的法治呢？如果观察各种对法治环境的限制，我们的法治是不是也可以叫作“鸟笼法治”？从改革开放到现在，我们的法治无非是把“鸟笼”做大了，一些限制如国家对经济的管制一样还在那里，也在顽强地起着作用。我们不要“鸟笼法治”！在这个问题上，我们应该有更多的呐喊，有更多的建设性工作要做。

赵国君：律师挑战权力的条件一是需要勇气，二是有真正的独立地位，不能依附于行政机关或任何组织，可现在的律师协会还不能达到完全的自治，司法机关管理还占据着主导地位，如何才能达到律师的自我管理呢？

江平：关于律师体制问题，第一步逐渐做到了，从形式上律师由律师协会而不是司法局来管理了，组织有了，协会领导也是律师本人了。但还有第二步的路要走，把管理律师的权力真正地由律师自身来行使，而不是还由司法局来控制。哪些权力是律协自身的，哪些是司法机关的权力需要进一步完善明确。就世界各国的经验来看，有的国家律师资格的考试是行政机关的权力，也有的国家属于律师自治的范围，是不是律师考试都由律协来管理，倒不一定，可以探讨。但对律师的处罚呢？我看应该由律师自己来处理好些，不一定像现在这样由行政机关处理，违反律师职业道德也是。所以，这一步最重要，律师管理组织的权力是什么必须分清楚。近期，深圳律协要罢免自己的会长事件也说明了律师自我管理的民主，有进步意义。律师应该比别的行业更具有民主性。不能官办，也不能专制。我说过，律师管理有三个方面的问题：第一个，律师协会应该由律师组成，第二个，律师的机制应该是民主的，第三个，既然它是自律的机构，享有哪些权力应该明确，按照现在情况，应该扩大，不能做傀儡，完全在行政机关操纵下的工作，那就不如不建这个协会了。

走向政治

赵国君：如今，世界各国政界领导人大多数是学法律出身，克林顿是，普京是，连卡斯特罗也是。尤其是美国，起草宪法的55位先贤里有30位是律师，以至于有人说，华盛顿打下了美国，而律师们则思考出了一个美国，制定宪法，沿用至今，历史上42位美国总统里有21位是律师出身，占了一半。我们国家的领导人也曾慨叹现在国家领导人里几乎没有学法律出身的，您曾提出律师要成为政治家或成为政治家式的律师，道理是不是也在这儿？

江平：律师要成为政治家或者政治家式的人物。因为律师具有别人没有的优势和条件，前面我们已经说了，律师所掌握的知识是法律，法律有它崇高的价值目标，以法律为信仰的律师不但有个服务之道的问题，还有个治国之道呢！律师在服务他人的时候维护了当事人的权利，最知道权利的重要性，可以说天然地是一个人权卫士，最高的职业目标就是人权嘛。像林肯一样，律师是最体贴了解民情的。并且，由于律师本身是一个中介机构，社会的接触面最广，上到政府、人大、公检法机关，下到一般群众、社会弱者，任何一方都接触得到，对民生艰难、司法腐败、社会弊端最清楚。另外，不仅这些，律师还比较有分析判断能力，能把看到的现象升华出管理的方法、调治的手段，能够完善法律，找出规范性的治理之道。这些条件，一般人都不如律师，所以，律师走向政治有得天独厚的条件。

赵国君：重庆的律师韩德云受立法部门委托参与立法，年轻律师秦兵有感于法律实践中发现的问题，心系民众，自曝房地产界内幕，制定了《204条商品房买卖补充合同》，供所有的人熟悉使用。在我们国家，律师走向政治虽然刚刚起步，但许多可喜的现象不能不使我们关注律师最终的发展之路，您认为律师应该如何参与政治，为国家建设服务呢？

江平：这些年轻人真了不起，这样的人越多越有希望。他们就做到了律师走向政治的第一点，就是特别注意研究政治和社会问题，敢于思考研究工作中出现的一些现象。这就需要跳出律师圈子，从圈外的角度来看社会问题、经济问题、政府问题和其他问题，得有这个眼界。另外，律师要走向政治还要服务于社会，应该更多地参与社会关注的问题，提高社会的知名度，参加立法活动，不只是像马福祥那样用人大代表身份参与立法，还要像秦兵那样，为法律的创建提出意见和建议，这是更主要的参与社会，哪有那么多律师是人大代表啊？因为，做政治家需要得到社会的认可，必须服务社会，服务社区。走向政治还要求律师能够参与监督。不能只作为一般司法活动的参与者，还要做一个真正的监督者，敢于仗义执言，像张思之律师那样。学法律的人要有这个公道心，要走在最前列。如果律师仅仅是为当事人服务的工具，仅仅想着和法院搞好关系赢得一场官司，胸无大志，不择手段，甚至比不学法律的人还坏，那就太可悲了。

律师学院？我不赞成！

赵国君：针对目前许多法学院学生不能很快很好地从事律师业务的情况，我个人有个想法，为了培养实践型的法律人才，梦想着成立一个律师学院，作为一个多年从事法学教育的著名专家，您认为呢？

江平：我不赞成搞什么专门的律师学院。美国没有，世界各国也没有这么培养律师的形式。法学院培养的学生很重要的一个方面就是做律师嘛，也不能说仅仅为了培养实践性的人才，有些课也不学，法制史、法治理论都不讲了，那叫什么呀？律师不仅是个职业技能的问题，也必须有很高的文化素养和理论水平，甚至还要有很高的道德诉求，需要对法律的信仰。只培养工匠式的所谓实践型法律人有什么意义？法学院的教育不行，可以通过调整课程、改变教学方法来改进，培养律师要专门学院，是不是还要有专门培养法官的法官学院、检察官的检察官学院啊？高中毕业生直接进这样的学校，毕业后做法官、检察官去，就业面是不是太窄了一点？法律的共同性不就被人为地割裂了吗？还是法学院的教育较全面，学完之后，可以做法官、检察官、政府律师、公司律师等。如果说现在的教育有问题，可以改进培养的方式，例如，引入诊所式、案例式教学模式，注意理论联系实际，慢慢贴近法律实践不更好吗？要是办私人的、民间的法学院倒还是可以，教育竞争，更有利于选拔培养优秀的法律人才，至于单独创办律师学院，我不赞成。

赵国君：我们的想法是对现有法学教育体制的补充，主要出于对一些学生毕业后不能参与司法实践的现状有关，想培养专门型的人才，有针对性地为社会提供大量能够马上行动起来的法律人，主要是这个考虑。

江平：对你的这个判断我有不同看法。你能说医学院的学生毕业后就能做医生吗？都要有一个适应过程嘛。法学院的学生到法院也是如此啊，我也反对法律实践部门的人说，学院里学的东西都是理论教条，不切实际。学院和法院学的都是法律啊，是共同的，怎么到实际部门就不用了？理论和实践的关系一定要摆正。学校里就要学理论，也要学实践，二者绝不能割裂。英美法国家是判例法，好像特别注重实践，但也有理论，甚至对理论的要求是最高的。作为一个优秀的法律人，法官也好，律师也罢，既需要实际办案的能力，也必须深谙法律文化，有很好的理论修养。没有法律文化修养的人，甚至很难说是一个合格的法律人。就讲如何做事，外国法律思想不讲，各国法学理论不学，没有法哲学、法理学的基本观念，也就形不成正确的法治观念，那怎么行？

赵国君：可是我们特别注意到了美国法学院，他们极端重视法律实践，注重培养实践型法律人才，在以此为中心的教学中，对学术的要求当然也是很高的，以美国法学院为例，对我们是不是有很好的借鉴作用呢？

江平：美国法学院的最大的特点是：不是学法律的人才可以进来学习法律，也就是 J. D. （Juris Doctor），世界上也只有美国这样，英国、澳大利亚、加拿大都不是这样的。我们现在的法律硕士培养不就是模仿美国的教育方式吗？中国是两种道路都在走，世界是多样的，我们法律人才的培养也是多样的。不能厚此薄彼，把某一种方式绝对化，说美国的方式最好，培养出来的学生最适合社会发展也不见得。

赵国君：还有一个问题，社会上大量从事法律实践的律师们对提升自己的知识结构，提高自己的理论水平和法律素养有着强烈的愿望时，现有的教育资源能给他们提供这样的机会吗？

江平：现在的人才更需要的是复合式的人才，也是更缺少的，懂得法律的多，其他的知识比较欠缺，这是很大的问题。律师搞金融服务，不懂得银行，搞上市又不懂得财经、会计方面的知识，培养复合式人才恐怕是律师里更重要的。当然，这样的人才不可能在学校里培养出来。高等学校的教育是基础教育，学的是基本的理论、基本的知识和基本的方法，也正是培养了这样的思维，即使法律在经常变化之中，社会也在变化中，合格的法律人也会能够很快地领会。至于有的律师又回到校园补习知识，提高水平，那也是因人而异的问题了，不构成为律师单独成立学院或否定法学基础教育的理由。

律师应该服从真理

赵国君：我们的书是要发出律师的声音的，他们的困境与挣扎，光荣与希望。现实的环境并不乐观，可以说，律师行业的发展与国家的法治环境建设息息相关，但在为律师鼓与呼的同时，我们也感受了太多的失望，一些律师夤缘权门，上下其手，在他们的行为里看不到法律的崇高目的和律师的崇高使命，的确令人非常痛苦，您认为律师到底应该服从什么？

江平：律师手里没有权，他所依靠的只有法律，但他靠的不是法律的韧性，也不是法律的矛盾和空隙，而是法律的权威。法律的权威是什么？不是权力说了算，任何权力都不是！法律的权威只有在律师维护人权、实现公正的过程中树立起来。有罪就是有罪，无罪就是无罪，要是非清楚。不能用实用主义的态度对待法律，法律也不能成为律师手里的工具，不然，律师就会成为法制的破坏者和邪恶的支持者。所以，法律的权威就是法律里面体现的真理，真理本身只能是一个，律师就应该服从这个权威，这个真理。法律如人生，离不开真、善、美。真是什么？就是真理，追求真理，服从真理，只向真理低头！这是我一生的信念，我愿意以此与中国律师共勉！

（原载《中国法律人》杂志

2004年1月第3期）

辑四 序跋

- 律师兴则国家兴
- 律师的哲人气质
- 发扬“思之精神”
- 法治必胜
- 法治兴则中国兴

律师兴则国家兴

律师，对于我们这一代人来说真是又熟悉又陌生的名称，50年内一半熟悉，一半陌生。在新中国成立50年中一个职业遭到历史这样截然不同的评价，律师可以说是最有代表性的。但是，不论历史如何不公正地对待律师，律师毕竟对共和国起到了它应起的作用。律师中也毕竟有一些杰出的人物，需要历史把他们记载下来，我想，这本书的用意就在于此。

一提起律师，人们自然会想到他们“凭三寸不烂之舌，挽狂澜于既倒”，以自己的智慧、辩才和法律知识去补足和扶正司法天平的缺陷和倾斜，律师作用绝不可低估，心中真的感到：“成也律师，败也律师。”

一提起律师，人们往往羡慕不已——“无拘无束多自由，谈笑之间黄金来”。但一些律师私下谈起来，往往也有许多难言的苦衷，真是“强装笑脸拉关系，个中滋味谁深知”。人们往往只知其乐，不知其苦，于是心中又感到：“苦也律师，乐也律师。”

一提起律师，人们往往会联想到律师的高大形象，不畏权势，为民请命，真是“为弱者呐喊，向强权抗衡”。但律师业发展到今天确也泥沙俱下，鱼目混珠，趋炎附势者有之，唯利是图者有之，玩弄法律于手掌者有之，名声败坏如讼棍者有之，心中因而又感到："善也律师，恶也律师。"

一提起律师，人们总会把它和民主政治联系起来，说它是民主的镜子也好，说它是人权的卫士也好，无非是强调它在法治建设中不可替代的作用。共和国50年正反两方面的经验教训都无可辩驳地证明：律师兴则民主兴，律师衰则民主衰，甚至可以更进一步说，律师兴则国家兴，律师衰则国家衰，心中又深深感到："兴也律师，衰也律师。"

成败、苦乐、善恶、兴衰，写成了50年残缺不全的律师史和律师人物。

律师应当是一个令人肃然起敬的职业，这本书中的诸公就是令人肃然起敬的人物。像张思之那样半生受屈，一身胆气，不畏权势，只向真理低头的老律师更是我心有灵犀的仰慕者。

律师啊！你应当比其他的人更首先成为一个真正的人！

国栋嘱我为此书写序，我感其在《中国律师报》工作期间，对律师制度多有思考，为律师权益仗义呐喊，欣然应允。沉思良久，将心中欲吐之言，付诸笔端，同时将此书推荐于读者和律师们，也以此序求教于读者和律师们。

（系江平教授为孙国栋主编《中国大律师》
西苑出版社2000年版一书所作的序）

律师的哲人气质

我曾在国栋主编的《中国大律师》一书中写了一个序，题名为“律师兴则国家兴”，为我国律师制度在国家民主化、法制化中的作用呐喊。两年后，国栋又拟主编《律师文摘》，我想为律师的气质呐喊。

美国前总统卡特曾说过一句话：“我们拥有世界上最多的律师，但我不能说我们拥有的正义就最多。”这句话颇值得我们深思。律师是国家民主法制中重要组成部分，而众多的律师又恰恰不能必然说明民主法制的加强，这只能有一个解释，那就是律师本人的素质与气质不同。在我们今天的律师队伍中也确实存在极大差异，有些律师是民主法制的破坏者，是邪恶的支持者。

律师应属于哲人的范畴，哲人并不仅指哲学家。西方国家在中世纪时从事法律职业的大都是神职人员，都应有哲人的地位和哲人的气质。哲人和商人是两个对立的范畴和概念。

哲人者，以真智慧给人以启迪、帮助，指点迷津，而不应是法律贩子，借当事人不懂法律的空子赚黑心钱。

哲人者，忧国忧民，以天下为己任，具有政治家的胸怀，而不是蝇营狗苟，鼠目寸光。

哲人者，正人君子也，堂堂正正做人，胸襟坦荡，夜半不怕鬼敲门，而不是不顾人格，拜倒在金钱、权势之下。

哲人者，具有很高的文化教育修养，言谈吐语、待人接事均有相当的品位，而不是市侩习气、拉帮作风，整日忙于应酬、饭局，流连忘返于市井之中。

律师应当多一点哲人的气质，少一点商人的习气。当然我这里的商人是指和哲人相对应的一个概念，而不是要贬低商人的地位和作用。世界各国有许多商人的作用不亚于哲人，也有许多商人具有哲人的气质。

（原为《律师文摘》创刊号，卷首语）

发扬“思之精神”

我和张思之律师并非故交，平日往来也不多，但对他的经历、他的思想有许多了解，他称得上“中国律师第一人”。新中国成立后的最早一批律师中就有他的名字，而且到今天为止仍然坚持在律师岗位上，可以称得上是第一人；在第一批新中国律师中他曾受过最完整的法律教育，能够以法律为武器指点江山的律师，可以称得上是第一人；在老律师当中经历了各种政治运动，受迫害、受打击最重，见证了共和国全部法治历史而又坚强不屈的律师中，他可以称得上是第一人；改革开放后亲身参与第一政治大案——审判“四人帮”活动中，作为专业律师参与而又体现律师作用与风采的，他可以称得上是第一人；在近 20 年国内各种政治风波中出现的政治审判案件中，能够秉着良知和良心、顶着巨大政治压力走上法庭为被告据理辩护的，他当之无愧地称得上是律师界中的第一人。

既然称得上为“中国律师第一人”，他在律师生涯中的轨迹和思想、作风就值得去发掘、去提倡，把它称为“思之精神”

也不为过。我心中的“思之精神”包含三点：

第一，鞠躬尽瘁的服务精神。思之先生虽然名气很大，许多人慕名求其办案，但他总是以一个普通律师的地位和心态来对待当事人，首先想到的是千方百计来为当事人利益着想。他在接案子时不是考虑从当事人身上拿到多少，而是考虑能为当事人做到多少。我第一次去朝阳区水碓子他家的时候，实在不能想象作为一个名律师居然家中“寒酸”到这个地步，也不由我钦佩他“竞业”甚于“竞钱”的精神。

第二，人文关怀的维权精神。思之先生很少办那些标的金额很大的财产纠纷案件，他更多办的是涉及人权的案件。只要他认为侵犯的是公民的基本权利，再大的风险他也敢于接受。思之先生也很少办那些豪门的案件，他更多办的是维护弱势群体利益的案件，只要他认为弱势群体利益受到不公平待遇时，愿意为他们提供强有力的法律帮助。

第三，宁折不弯的抗争精神。律师在任何社会中都可以称得上是“高危”行业。当然，如果你善于“趋利避害”，完全可以没有什么危险；但当你要坚持律师的良心和良知时，往往会和现行体制发生碰撞，那就可能要带来巨大的危险。思之先生就是明知有巨大风险仍然敢于据理抗争的一个。有几个政治敏感的案件当事人曾寻求我的帮助，而我不是搞刑法的，我就和思之先生商量，问问他能否为之出庭辩护。思之先生当然知道这里的巨大政治压力和风险，但他仍然欣然承诺。我深深感到正是他的政治理念和他的律师良心叫他无法拒绝。思之先生常说，他在许多案子中都是败诉的。我则认为，明知必然败诉却敢于去承接，这正是见精神之处。如果说“不以胜败论英雄”在律师业中尤应强调的话，那么在有些案件中“胜虽英雄，败更英雄”。

在纪念张思之律师八十诞辰之际我想起了鲁迅的那句诗：“横眉冷对千夫指，俯首甘为孺子牛。”张思之先生是称得起这一赞誉的！

2007 年

（原为《张思之先生八十华诞暨执业五十周年庆贺文集》序言）

法治必胜

自1906年沈家本、伍廷芳奉命制定大清诉讼法涉及律师以来，律师制度于今已经有整整100年的历史了。

百年来，律师制度的发展，或兴或灭，或盛或衰，一直随着国家民主化、法制化的进程潮起潮落，百年律师史就是百年法治史，也是百年来国家救亡图存的奋斗史。早些时候我曾经写过一篇文章，《律师兴则国家兴》，讲的就是这个道理。

我们不能孤立地看待律师问题，民主政治的发达、独立的司法体制都是律师制度得以发展的关键因素。而在这方面，我们需要总结的经验太多，一如唐德刚先生所言的“历史的三峡”还未跨过，“帝治”向“民治”的转型尚未完成，律师的黄金时代还在远方向我们招手。

在权利保障、法治建设、人权进步的事业中，律师的作用是有目共睹的。要实现法律的价值目标——正义，就必须有理性有效的手段相配套，不然，正义无法实现不说，还会毁了自己。而依法执业的律师队伍、发达的律师制度便是这样理性有效的手段，他们在法律职业共同体中起着非常重要的作用，是实现法律价值目标的重要力量。所以，我们深知律师对一个美好和谐社会的价值所在，在这一点上，怎么弘扬律师的职业理想也不为过。

另外，我们也该看到，律师并不必然地代表正义，作为国家民主法制的重要组成部分，有些律师甚至是民主法制的破坏者，是邪恶的支持者。

美国律师协会曾将职业律师定义为“一个作为促进公正和公共福祉的共同职业的一分子，在为委托人服务和为公共服务的精神中，追求博学的艺术”。这个定义凸显了律师的职业理想与素质要求，值得我们深思。2005 年 7 月，美国联邦最高法院大法官金斯伯格在北大讲演时也说：“根据我本人的经验，只有当律师不是只知收费的工匠，而是一位公共福祉的奉献者时，他才能获得最大的快乐和满足，才能赢得民众的尊敬、喝彩和最为良好的祝福。”多年来，我也一直提倡律师应该少一些商人习气，多一些哲人气质，要为权利而斗争，要走向政治，因为律师显然应该比商人具有更为不同的理想追求。

实践证明，律师应该是这个社会中具有能力确认和追求公共利益的少数阶层，社会之所以同意其高收入的根源乃是期望他们因此能从经济压力中解放出来，更专心一致地为公共利益而奋斗。因此高收入绝非首要目标，而是附带结果。

可以说，法治国家的律师为公众服务的精神是一贯的，尽管现在也有些削弱，但大体上是延续着这个传统的。

律师制度恢复以来，随着经济的发展，工商社会的建立，初兴的律师与初兴的商业社会共沉浮也有20多年的历史了，我们看到，为权利而斗争的精神，律师走向政治以参与更广泛社会事务的理想还很淡薄，律师们一开始就缺乏这种为公众服务的传统，可谓先天不足。法律信仰的迷失、政治上的失节与道德上的堕落，使得律师们在市场化的逐利运动中过于世俗化、功利化，律师的素质与形象不能不让有识之士担忧和痛心。

我们的律师在极为尴尬的境域里挣扎徘徊：一方面是令人同情的遭遇、必须清理的障碍和理应消除的误解；另一方面是令人忧心的堕落与沦陷，一些律师已经流俗于商人与帮闲之间了。

面对着迷失的职业理想，我们希望在清除路障与消解误解方面做出一些建设性的工作，同时也要为克服自身的流弊而努力，使得律师更加贴近权利而不是权力，更加接近法律人的信仰而不是市井人的欲望，由此，我们策划了这套“走近中国律师文丛”。

文丛分不同的卷次来反映律师制度的历史变迁，展示律师队伍的整体风貌，摘精选要，纵论古今，要让律师走进中国社会，也要让社会了解中国律师，同时为提升律师的人文品位做些有益的工作。

文丛绝不简单于一人一事地赞美或歌唱，批判与揭露，而是力图以律师为主线，深入到问题深处，社会深处，以公民立场，法律人的视角来评估一切，直面冷视，凝神静思，从而寻找出通往美好未来社会的合理途径。

我们坚信：在人还没有成为自己的主人之前，在基本权利还得不到保障之前，恢复每个人的权利是律师的职责所在，因为找回了应有的权利也便恢复了整个社会的活力。所以，中国律师的精神气质应该是为权利而斗争并永远站在弱者一边！

我们希望通过关注中国律师，来向公众说出一切，以便形成健康的舆论空间，培育完美的公民品格，使社会永远处在理性与进步之中。弘扬法治精神，讴歌战斗豪情，呼唤理想图景，便是文丛的主旨所在。

国君①自主编《与正义有关——中国律师纵横谈》一书以来，一直致力于律师与律师制度研究，为律师著书立说，紧紧围绕着律师群体，办讲坛，开论坛，热血热心，充满了理想与激情。从这个年轻的法律人身上，我看到了力量，也看到了希望。

---

① 作者名，即赵国君。——编者注

“走近中国律师文丛”当然是为律师呐喊的，也是为建设法治社会、实现宪治转型的用心之作。作为一名为法治建设努力奋斗了一生的老法律人，我一愿鼎力相助，为年轻人鼓呼；也愿文丛顺利推出，流布社会，有所功效，以不负众人甘苦之心，理想之志。

2006 年 3 月 26 日

（原为“走近中国律师文丛”总序）

法治兴则中国兴

从1978年改革开放到现在，中国的经济与社会建设取得了举世瞩目的成就。促成这些成就的原因是复杂的，既有执政者正确决策的个人因素，也有历史恩赐的机遇因素，也当然还有法律等方面变革的制度因素。短时期的建设成就及其原因的复杂性交织在一起，很容易让当代中国人——至少是部分当代中国人，自我感觉良好，并产生两种错误的认识。一种错误认识是把过去30多年的发展路径作为历史性的发展模式固化下来，以便提炼一种可以值得自我骄傲和对外宣扬的价值观。另一种错误认识是很容易夸大政策和偶然性因素的功效，而忽略了制度因素的根本性。

放在人类历史的长河中，30多年的繁荣与发展只不过是匆匆过客。对于一个国家的长久兴衰而言，政策性和偶然性的因素，更像是一个“药引子”。而真正能够让国家养成“健康体魄”的还是制度性的因素。其中，法治又是制度建设的核心，重中之重。法治的要义包括依宪治国、保障私权、程序正义、司法独立与社会正义。在当下的历史关口，中国领导人是否选择法治、建设法治、依赖法治，将最终决定中国过去30多年的繁荣与发展只是历史上的昙花一现，还是中华民族实现伟大复兴的真正前奏曲。此时此刻，中国社会犹如一条大船正航行在“历史三峡”的最后险滩。唯有走向法治，中国才可能最后平稳地渡过“历史三峡”，完成现代国家建设，并开创新的太平盛世。

具体来说，法治至少可以发挥如下几个方面的历史性功效。

首先，在经济建设上，保护私有财产权和合同履行的法治将激发中国人新一轮的创业与投资热情，并通过释放制度红利来推动中国经济的转型与升级。反过来，如果政府对私权的保护不能加以改善，中国的精英阶层将继续采用“用脚投票”的方式，到其他国家去“做梦”——而那些留在中国的，恐怕也大多在做“外国梦”。因此，如果不走向法治，中国经济之持续繁荣将不会有制度保障。

其次，在政治建设上，崇尚程序正义和司法公正的法治将为中国公民提供底线社会正义，为将来潜在的大规模政治冲突提前安装“社会减震阀”。进入新世纪以来，因为社会不公而引发的矛盾与冲突已经层出不穷。最近的一些个案也清楚地表明，社会不公所积累的公民怨愤，已经给中国社会累积了大量的负能量。法治，也只有法治，才能避免中国因社会不公而滑入革命化趋势，并避免由此导致的公民与执政者双输的局面。

最后，在社会建设上，只有保障价值多元和思想自由的法治才可能让中国社会出现“百花齐放，百家争鸣”的社会繁荣，并为多元价值观的求同存异、达成必要的社会共识提供制度保障。相反，因为没有法治保障，社会转型期所形成的形形色色的价值观都处于灰色地带，并非常敏感地对任何潜在的冒犯行为都进行激烈的防御攻击，并导致中国社会的诸多价值观都采取霍布斯意义上的“丛林规则”以求生存。法治是把中国社会的各种价值观带出“丛林”的唯一通道。

简言之，只有走向法治才能帮助建设一个让全体中国人可以对自己未来的生活做长期规划的社会，一个中国人可以信赖中国人的社会，一个中国人可以认同中国人的社会。归根结底，法治能否在中国得以全面实施，将决定中华民族能否得以复兴，中华文明能否得以体面地延续。回顾 1840 年以来的中国历史，当代中国人有着一个前辈从未有过的历史机遇：以走向法治这样一种和平建设的方式为未来富强、文明和民主之中国奠定历史性基业。

当然，走向法治，不能只求“毕一役之功”。在 1949 年建立人民共和国以后，中国的法治建设经历了如下四个阶段：共和国初期的法律实用主义、“文化大革命”时期的法律虚无主义、改革年代的法律经验主义以及目前我们要奋斗的法律理念主义。所谓法律理念主义，就是把法律从工具、从制度变成治国的理念。

幸运的是，在过去30多年，在“摸着石头过河”的经验主义思想的指导下，中国已经至少在立法层面完成了法律体系的建构。在实践中，政府和社会也都初步尝到了法治的甜头。尽管法治建设在最近几年出现了严重的滑坡，执政党的十八大报告还是指出“法治是治国理政的基本方式”，并承诺“全面推进依法治国”。换句话说，至少在文字层面，中国领导人已经认可了从法律经验主义通往法律理念主义的路径。

然而，如何让中国——在改革的操作层面上——走向法治的诸多问题依然悬而未决。因此，出版这套“法治中国”丛书，正是适逢其时。该丛书立足于当代中国法治现实，以问题为导向，以学术为根基，通过实证分析和学理探讨为中国的核心价值重建以及制度改革出谋划策。丛书的选题覆盖所有同中国走向法治相关的重大命题，包括宪治、违宪审查、审判独立、选举制度、预算制度、财税制度、中央与地方关系、律师与民主政治等。在论证风格上，作者无不强调理性建设。这套丛书的出版，将会对中国走向法治产生实质性的影响。

这些年，我本人也一直为中国的法治建设摇旗呐喊。之前，在给一本书写序时，我提过“律师兴则国家兴”。很显然，律师是法律体系的一部分，律师工作在很大程度上是服务于法治建设的。因此，今天，在为“法治中国”丛书写总序时，我想拔高一些：法治兴则中国兴。

2013 年 5 月

（原为“法治中国”丛书总序）

附录

● 杂忆留苏

● 深度对话江平：不说违心话，不做违心事

● 编后小记

杂忆留苏

苏联在实践中破坏社会主义法制的现象屡有发生，斯大林肃反扩大化时期更为严重。但苏联的一些基本法典和法律较早就有了。法律教育始终如一，没有间断。法院、检察院担任审判、检察业务的都必须是学法律毕业的。

1951 年前负笈西游，那时不是去欧美国家求学，而是到苏联“老大哥”那里求学。半个世纪过去了，有些事情和人物真是“依稀”模糊，但有些事情和人物清晰“依然”。50 多年后再用今天的头脑、今天的思维去重映一下过去的事情，不是也可以获得一些有益的东西吗？

1951 年派到苏联留学的学生共 400 多名，是新中国成立以后第一次派学生去苏联。那时的派出非常仓促，出国之前没有像以后派出的那样，先经过语言的训练。7 月集中，8 月上旬就出发，只有不到一个月的时间在燕京大学校园做短期准备，主要是政治思想的准备和生活上的准备。我是从北京团市委调来的，一点思想准备都没有，革命燃起的激情还难以适应学习要求的冷静，面对校园的书桌有些茫然。我在燕京大学原来读的是新闻系，那是我自己选择的，而现在让我去苏联学法律。新闻像我的性格一样奔放、激情，而法律却似乎像冰山那样生硬、冷酷。在我的脑海里，那像是由一条条僵化、难懂的法律条文构筑起的高墙等待我去攀缘。准备时间很短，第一件想到的事情便是去买几本中文的法律书以便对专业有所熟悉。谁知这一打算立刻遭到当头一棒，纪律中有一条就是不准带任何旧法的书籍。去苏联是学习革命的法律，中国的旧法已经完全被废除，旧法体系也被打烂，旧法的思想更不能继承，为了免受旧法的毒害，应该是完全重新学起，不准带旧法的书籍。而当时我们自己又没有什么法律，更没有新中国自己的法律书籍。这样在我们的行囊中能有的书籍就是一本俄语词典和一本俄语语法，我就从此游进了茫茫的法律“大海”。

苏联的法律也很少涉及旧俄时代的法律，几乎一切课程都是冠以“苏维埃”三字。当然这是新的法律，是从十月革命开始的法律，任何课程都要先从十月革命的两个法讲起：一是《和平法令》，二是《土地法令》，都是列宁签署的。前一个结束了帝国主义战争，后一个实现了土地国有化。但是我也注意到他们没有我们革命中的“废除伪法统”，或者叫废除原政权一切法律的做法。旧俄时的民法典并没有废除，而只是土地私有制度废除了，婚姻制度没废除，个人财产权利也没废除。列宁恰恰提出了要尽快制定新的民法典以取代旧的民法典。正是在列宁的领导下，在艰苦的内战和抵抗外国侵略的情况下只用了五年多的时间，在1923年颁布了《苏俄民法典》，取代旧民法。《苏俄民法典》颁布之快在众多实行革命、改革或统一（如法国、日本、德国）的大陆法国家中是首屈一指的。而新中国成立50年后的今天还在制定民法典①。我们强调先破后立，我们强调的是不论旧有法律属于哪个领域全都一样地废除，否认了任何一点点的法律继受性。以今天的眼光来分析，哪一种方式更为可取呢？

民法课是我去苏联学习后立即产生兴趣的课程，无奈很多名词术语不懂，想找中文相对应的词语，又得不到解答。俄语词典中是没有这种法律术语的。所以很多概念仍然只能在俄文中去理解。例如，民法中有一个很经常出现的词叫“Сделка”，词典中译名是“交易”，可是翻译为交易怎么也不通。过了许久之后一个偶然机会才知道这个词就是“法律行为”。我很奇怪，这个词既无“法律”的意思，也无“行为”的意思，怎么叫

① 《中华人民共和国民法典》已于2020年5月28日经第十三届全国人民代表大会第三次会议表决通过，成为新中国成立以来第一部以“法典”命名的法律，自2021年1月1日起施行。——编者注

“法律行为”呢？等到1956年回国到北京政法学院执教后才知道，原来《苏俄民法典》的体系、制度中如债权、物权、法律行为、要约、承诺等等和德国民法中的基本概念是一致的。我又困惑了，学了半天的苏俄民法的基本体系、制度怎么和西方国家是一样的呀！今天想起来，当初确实太幼稚了，以为革命的就是崭新的，就是与原来的毫无相通之处。其实革命无非就是在旧东西的基础上取其有益，去其无益，革命怎能否定继受性，法律又怎能否定继受性呢？！

在苏联学习法律期间有两门课程的设立是很出乎我意料的，也是学起来很难的，一个是罗马法，一个是拉丁语，而且是必修课。其他如“资产阶级国家民商法”，那是选修的，而且内容都是有批判性的。而罗马法却不是批判性的，是作为历史性质的课程必须掌握的。拉丁语真是头疼，俄语还没学好，还必须学拉丁语，请求免修还不准。俄语的语法已经够复杂的了，一个名词还要分阳性、阴性、中性三种，每种单数复数共16个格要变，形容词也要变格，动词还要变位。拉丁语法比俄语还麻烦。老师上课讲拉丁语已经是世界上死了的语言，没人说了，但学医学的和学法律的必须学拉丁语，因此医学院和法学院拉丁语是必修课。医生开药方要用拉丁文，这是各国通用的，法律一些基本术语是拉丁文的，各国也通用。可见苏联时期的法律专业对罗马法和罗马法中所用术语的拉丁文何其重视。他们可以认为苏俄的民法与旧沙皇的民法不同，因为那是意识形态的不同，但他们不否认苏俄的民法是继受罗马法的，罗马法是历史渊源。沙皇和西方国家的民法既然是意识形态不同，当然可以批判，罗马法是历史渊源，你的祖先是不能批判的！这种尊重历史、尊重罗马法的精神我印象至深。20 世纪 80 年代我去意大利参加罗马法国际大会时，主办者要我必须用任何一种欧洲大陆国家语言去发表演讲，但不能用英语，所以我就用俄语发表了题为“罗马法在中国”的报告。我问罗马第二大学的斯奇巴尼教授为何如此，他回答说，英国不是继受罗马法的国家，而俄罗斯是，凡继受罗马法的国家都有共同语言，那就是罗马法的共同语言，拉丁术语的共同语言。

苏联的民法仍然留下了不少意识形态的烙印，主要是两个：一个是公有制的烙印，另一个是计划经济的烙印。前者主要表现为对国家财产的特殊保护，确立了国有财产返还请求权不受任何时效限制的制度，从而体现了所谓与私有制国家针锋相对的制度：私有制国家确立了私有财产神圣不可侵犯原则，公有制国家确立了公有财产神圣不可侵犯原则，这一基本观念至今仍在中国体现。后者主要表现为将民法典调整范围局限为市场领域，因此在民法典外又独立制定土地法典、劳动法典与家庭、婚姻、监护法典。土地国有化后禁止土地流通，集体化后又把国有土地交给集体农庄永久无偿使用，排除在任何范围内的市场交易之外。劳动力当然更是如此，家庭婚姻关系也从传统的民法典中排除出去，继承法仍然保留在民法典内，因为仍然有一些私人财产可以继承，这一基本模式也被我国长期接受，婚姻法和劳动法从新中国成立后就已独立成法，土地法也长期游离于民法之外。改革开放后有关民法调整范围之争仍是这种市场本位观点之延续。今天我们制定民法典，土地关系和亲属关系回归民法典已无任何争议，劳动关系虽然也是平等主体之间的关系，但已经独立于民法之外，也独立于1999年的合同法之外，确实也无必要再回归民法典之中了。

1951年年初到苏联时，是在喀山大学法律系学习的。喀山大学法律系的师资力量当然不如莫斯科大学、列宁格勒大学那么强，但也是一所较老的大学。它的法律系之所以出名是因为列宁曾在那里学习过，至今仍保留着列宁在法律系学习时坐的位子，列宁也就是在喀山大学从事革命活动而被捕的。可以想见，我们能去这所大学是很光荣的，人们都说，那是和列宁前后同学。晚我们一年出国学法律的都派到莫斯科大学，这使我们又很羡慕。由于我们的请求，再加上1953年斯大林逝世后实行大赦，喀山社会秩序较前混乱，大使馆将在喀山几所大学学习的中国学生都转到莫斯科。这样我们就在莫斯科大学继续学习，学习条件比在喀山时好很多，尤其是在列宁山上的莫斯科大学新校舍建成后，它的教学和住宿条件在当时苏联全国来说是超一流的。

初到苏联时给人印象最深的就是战争的残酷。第二次世界大战结束也就六年时间，老师中就有战争致残者。我记得喀山大学一位叫瓦西里也夫的教法学理论的副教授就是悬着一只空臂来上课的。同学中也有几位年纪稍长参加过战争的男性，据他们说整个苏联在“二战”中死亡的人占人口总数的六分之一到五分之一。在斯大林格勒战役中，军命是不能退后一步，谁退后谁就可能被处决，真是只能战死不能后退，大学老师同样都必须上战场。社会上最触目惊心的现象是男女比例严重失调，引起一系列社会问题。波兰在“二战”中死亡人数位居第一，德国也仅次于苏联。欧洲国家“二战”后的和平主义情绪与和平主义运动对“二战”后的政治格局不无重大影响。

虽然苏联在实践中破坏社会主义法制现象屡有发生，斯大林肃反扩大化时期更为严重，但苏联的一些基本法典和法律较早就有了。法律教育始终如一，没有间断。法院、检察院担任审判、检察业务的都必须是学法律毕业的。从这些情况来看，要比我们许多年来的情况好得多。大学法学教育五年期间要有两次实习，必须去法院、检察院或国家公断处实习。这些制度都非常严格。我记得第一次实习是在基层法院，得益匪浅。由于专业方向选择的是民法，所以第二次实习去了国家公断处。公断和仲裁是同一个意思不同的译法。国有企业之间的纠纷因为都是在国家计划下产生的，所以不必到法院，同一个部门系统下的国有企业之间的合同纠纷，由这个部门下面设立的公断处解决；不同部门系统下的国有企业之间的合同纠纷，由部长会议下属的国家公断处解决，这种体制很像行政仲裁。

应该说苏联的法学著作也是不错的。我经常跑书店，每个月总有几本新的法学著作出版，著作不算贵，但对于我们学生来说还是要省下吃饭钱来买。我回国时一算，也有四箱书带回来了，都是较为珍贵的专著，一般的教材都扔了。这些书一直保存到“文化大革命”，总希望有一天能派上用场！“文化大革命”时彻底绝望了，把当年从牙缝里省出钱买的书全部当废纸卖掉了！苏联的法学著作有两个特点：一个特点是意识形态控制很严。涉及国家与法的理论，国家法（即宪法学科）、行政法等学科内容千篇一律，极少有独立观点的著作。民法的著作相对好一些，可以对某些纯学术问题发表不同观点。苏联学术批评很普遍，从好的方面看，一本著作中往往把前面一些观点摆出来后批评一阵，随后拿出自己的一些观点，学术批评是家常便饭，不像我们这里一团和气，稍一批评便大惊小怪。从坏的方面看，学术批评中也有一些政治大帽子，甚至给读者暗示这种批评来自上层，使被批评者感到政治高压。商店中卖的书也都是苏联学者自己写的，根本没有见到西方国家法学著作的译本。外国民法著作个别能见到的，也是东欧国家的著作。

苏联法学著作（包括教科书在内）的第二个特点是八股现象严重、水分严重。所谓八股现象就是套式化东西太多。每本书都必须引经据典，首先是马恩列斯，尤其是列宁和斯大林的话（1955年批判斯大林后，斯大林的话不引了，在斯大林生前不引斯大林的话被看作大逆不道），然后要引最新召开的党代会决议是怎么说的，现最高领导人是怎么说的，然后才能表述自己的观点，一本书的开头是这样，以后每章有时也不脱离这一格式，实在使人难以卒读。所以我们往往把读法律教科书及其辅导书籍称为“挤水分”，学会了读一本书哪些地方可以翻过不读，哪些地方可以一目十行，哪些地方必须慢读、精读、反复读乃至背下来，这些才是以后考试要考的。

去苏联学习第一个拦路虎就是语言关。不掌握语言，课堂上就会“坐飞机”（形容听不懂），甚至专业知识等于零。出国之前我们留学生的总领队钱信忠同志（后任卫生部部长）号召我们“抢白旗”，我开始还不懂，后来他解释说，俄语中“5”

的发音类似“白旗”，而苏联大中小学的成绩均为5分制，5分为优、4分为良、3分为中、2分就不及格了，他让大家争取“优”的成绩，所以叫“抢白旗”。

对于我来说，曾在教会中学和燕京大学学习过，有一定的英语基础，再学俄语总有个外语的概念，有个外语规律可循。但对有些同学来说，没有其他外语基础，学俄语的困难可以想象。按照派出部门的要求，我们在苏联先专门学俄语一年，然后再进入专业知识学习，和苏联学生一起听课、考试，这样就需要六年时间完成学业。而我在学完半年专门俄语后就插班和苏联学生一起进入一年级第二学期，然后在以后的几个学期中又将第一学期缺考的课程补考完毕，这样就提前一年，于1956年回国。不久反右运动开始，我就“抢”了一顶“右派”帽子。其他同学1957年夏天回国，反右运动早已开始，谁也不会再往火坑里跳了。这真是我始料不及的，命运往往是难以预料！

与苏联学生共同听课、考试也给我带来了许多困难。对于中国学生来说，看书和听课还不算太难。书本是死的，只要能看懂，哪怕速度慢，多花一些时间就可以了；听课有困难，但只要事先把老师要讲的内容预习过，听起来也大体能领会。对中国学生来说最难的是两个：一是课堂讨论，二是考试。

一些专业课程都有课堂讨论。课堂讨论是小班进行，20多人，老师出的都是案例题，要学生分析案例，要援引适用的法律和法规，这可难坏了我们。课堂讨论的成绩又影响学科总成绩。如果让老师点名，站起来回答不上，那真要无地自容。于是我们想到的最好办法就是主动出击：找成绩好的苏联同学先把该分析的材料、观点和应援引的法律文件都准备好，大体将要说的话都准备妥，在课堂讨论会上主动举手发言。老师也乐得希望中国学生先发言，发言后老师也不想再为难中国学生，便问起其他苏联学生来。这一招确实管用，至少在后两次课堂讨论中可以大大减少老师提问的机会。课堂讨论在专业课中始终占有重要地位。

苏联大学的考试全部是口试，五年中 40 多门课程百分之百是口试。一、二年级时真是紧张万分，四、五年级时就已习以为常了。在苏联入大学时每人都给了一本记分册，每门课的考试都由一位老师主持，考完当时给分，将分数记入记分册，老师签字。考试都有考签，每个考签上有三道题。一个班的学生近 30 人，老师准备 30 个考签，每个学生抽一个。这 30 道考签 90 道题就把这门课的全部主要内容概括进去了。学生都知道这些考签是什么题，但就是不知道自己抽到哪个考签。有些苏联学生不用功，考试临时抱佛脚，就让成绩好的同学和中国学生先进去考。每考完出来一个他就问是哪个考签，他就可以不再突击这些内容了。所以中国学生往往被推到前面去考。好在抽完签后有20分钟准备时间，有时老师还照顾中国学生，问是否要多准备些时间，如果答得基本差不多，老师对中国学生就不再问了。很多学生就怕老师提问，一提问心里就慌，更答不出来了。尤其是有些老师特别严厉，给分很紧，学生更是害怕。有一次一个苏联学生答完了，老师神情严肃地在记分册上记下分数，然后把记分册扔在地上，学生捡起吓得哭起来，出教室后哭着说这下完蛋了，打开记分册一看，居然给的是5分。应该说口试是一种很独特的考试方法，它绝不可能作弊，但可能取巧，老师面对面向学生问问题可以掌握学生真实水平，也可以锻炼学生的口才和良好的心理素质。我对这种口试是很赞赏的，它对我能力的提高很有帮助。

五年学习结束了，所有的课程我均获“优”，拿到的是莫斯科大学的全优毕业证书。这是我人生旅途中一次很有意义的攀登。获取的知识许多都忘了，但五年的社会经验和人生锻炼，以及综合能力的提高是令我终身受益的。

（原系江平先生回忆早年苏联留学生活的一篇杂记，写于2002年）

深度对话江平：不说违心话，不做违心事

张晓虹：请您先介绍一下您现在的生活状态，您现在每天的生活、时间是怎么安排的？

江平：我今年79岁了，但是工作还没有离开。学校给了我一个终身教授的职务，但不是非常忙，更多的是带研究生，特别是博士生。

我最近得了一场病，是中风后遗症。中风后遗症出现了以后，一开始是说话有障碍，语言有障碍，行动有障碍，经过301医院的治疗应该说基本上恢复了，可以说恢复到原来的95%吧，还没有完全恢复到原来的应该有的样子。所以大夫建议我更多地注意恢复身体，他说这个中风后遗症如果再要发作的话，问题就比较大。我现在的生活可以说是处于一种安心休养为主的状态，所以工作并不是特别繁忙。

张晓虹：我记得去年给您打电话的时候，您就在生病，病中在医院待了多长时间？

江平：近两个月吧，差不多快两个月出来的。

张晓虹：好像人在病中的时候往往会有很多的感悟，您当时在医院是怎么想的？

江平：应该说最主要的感觉就是大彻大悟了吧。什么意思呢？因为原来我还始终认为自己像一个完全健康的人一样地努力工作，而且我是希望能够工作到80岁甚至再长一点，现在看来不现实了。因为如果你要想工作长一点，那么你就必须把健康放在第一位。这样的话，就形成了一个工作和身体之间的最大的矛盾，也就是说，不能够像过去那样以工作作为目标去进行了。现在要把这个目标放得现实一点吧。

青年时代：反对腐败，追求自由民主

张晓虹：我们先从您的高中时代开始说起，您的高中是在北京的31中学上的。那是一个什么样的学校呢？

江平：31中学那时候叫崇德中学。崇德中学是一个教会学校，是一个中华圣公会办的学校，里面还有外籍教师。当初在北京号称有“八大兄妹”学校，这就叫基督教办的学校，算比较开明的。八大兄妹学校，像育英和贝满大家都很熟悉，汇文和慕贞这也是很有名的，当然崇德和笃志稍微不像前两个这么知名，都是属于基督教办的这种学校。应该说，在当时基督教办的学校读书有一个好处就是比较自由，这就便于我们在高中的时候能够更多地参加一些学生运动。市政府办的，像二中、三中、四中虽然也很有名，但是它在管理方面过分严格。

张晓虹：所以当时您就参加了“民主青年同盟”。民主青年同盟我们现在可能只能从它的字面上来进行理解，它主要是一个起到什么样作用的组织呢？

江平：当时共产党在地下还有两个外围组织，或者说叫地下的青年团性质的组织，一个叫“民主青年同盟”、一个叫“民主青年联盟”，一个叫“民青”、一个叫“民联”。这两个（组织）是由两个系统来领导的，在解放以后自然而然都变成团员了，所以这等于是地下党的外围组织。

张晓虹：那个时候实际上整个社会正处在新旧交替的变革期，您那个时候的思想都受到哪些影响呢？

江平：1945 年到 1948 年，这三年期间，是中国社会剧烈变动的时期，1945 年日本投降，或者说那个时候刚投降，在日本人的统治下当时国民党和蒋介石还是威望很高的。我记得蒋介石那时候到了北京来，那一次在太和殿的时候，很多人都慕名而去。中国是（联合国）常任理事国，当时在国际上的地位是很高的，但是这三年（1945—1948）期间，我们对国民党失望了。

所以我想这三年的变化就是我们从原来对共产党的不了解，

到逐渐变成倾向共产党了。我们这三年的时间就是在党的地下领导人的带动、帮助之下逐渐走上了一条新的道路。

张晓虹：那当时对参加青年民主同盟的人有什么要求吗？

江平：当时没有什么特别的要求，你只要愿意自愿写申请就算加入了。我是在1948年六七月份的时候参加的。

张晓虹：那个时候您18岁。

江平：18岁。

张晓虹：还是很年轻的。那个时候您对未来是一个什么样的想法呢？经过了1945年这些变革，时代的变迁后，对整个人生的感觉，梦想可能也都不一样了。

江平：从年轻时代作为一个知识分子来说，我想第一个就是反对腐败，对于这些腐败的现象是很看不惯的。国民党之所以最后民心全失散了，很大的问题是腐败。当时看到解放区，共产党，看到的都是清廉的生活。

作为我们这一代的青年知识分子参加（革命）或者所抱的理想，那还是人权、民主、自由的思想。因为当时国民党最大的问题是专制，不自由，老百姓没有权利。所以当初愿意参加革命就是希望中国一个是（实现）物质上的富强，一个就是政治上的民主自由，这是我们追求的目标——一个富强的中国，一个民主自由的中国。

张晓虹：这个想法在当时来看是不是比较理想化，因为你们不知道后来要走很长很长的路。

江平：是，所以后来出现的中国的政治生活就出现了很大的变化，也出现了很多的磨难，这是我们最初所没有想到的。

新中国成立：没有中间的道路可走

张晓虹：新中国1949年10月1日宣布成立，那个时候您也是在北京的吗？

江平：我在北京，我们在燕京大学。我是1948年入学的，新闻系。入学没多久燕京就解放了。我们10月底就解放了，北京是1月31号（1949）解放的，所以燕京提前解放了两个多月。我们那时候课也上不下去了，因为在准备解放北京的工作。那个时候北京叫北平，我们跟解放军一起进的北京做宣传工作，所以（1949）1月底我们是在北京参加的入城仪式。

张晓虹：都宣传什么呢？

江平：没什么宣传的，主要就是唱歌、跳舞。

张晓虹：但是都是很积极的心态。

江平：对，等于说是一个很热烈地迎接解放军入城这样一个工作。

张晓虹：我看过一些对那些场景的介绍，比如说在做相关宣传的时候，有相当多的人是怀着戒心的，因为之前一直接受的是国民党的统治，后来接受共产党的领导。这两个党派之间有什么样的不同，很多人当时是抱着疑问的。那个时候您的工作可能也相对来说难做一些？

江平：中国那时候的政治形势已经到了两个极端的地步，要么你走共产党，要么你走国民党，没有中间道路，也就是说，走中间道路的这种思想已经破灭了。其实那时候更多的知识分子是想走中间的道路，希望抗日战争胜利以后，我们能够建立联合政府，走一条和平的路线。但是当时的政治形势已经到了非你就是我，只有我把对方打倒了，我才能够建立一个新中国。

如果真的在当时情况下建立一个联合政府，也是长不了的。因为当时中国政治斗争的形势是很独特的，是中国所独有的，和欧洲有些国家是不同的。

张晓虹：您在大学的时候，觉得过得充实吗？

江平：我的大学生活应该说是时间很短，加起来也不到两个月的时间，因为你想，按正常来说，9 月开学，10 月底就解放了，我就上了两个月的课。而且当时上课的心情也已经不一样了，或者说有点像“一二·九”运动的那句话“在华北这么大的地方连一张平静的课桌都放不下了”，那个时候我们已经没有心思上课。

江平：因为北平解放了之后，（我们）回到学校，就要考虑下一步怎么办了。到底是在学校学习，还是出去参加工作？因为当时北京是四野（第四野战军）了，当时四野跟所有其他野战军一样，在向南方进军的时候必须要有更多的干部，所以当时就提出来号召青年学生参加南下工作团。

这个南下工作团需要大量的干部，我们当时高中的学生也好，大学的学生也好，参加了之后，很多都在湖北留下来工作了。我当初也是积极报名参加了南下工作团。报名之后，第一件事是改名字，特别是当时父母亲还在南方的，更应该改名字，以防暴露身份什么的。

然后就是打背包、行装。我在决定要出发的头一天晚上，接到上级命令，就是凡是参加过进城文工团宣传的人都不走了，有新的任务，有新的组织安排，这就是建团的工作。

当初我们参加了新民主主义青年团北平市筹备委员会，我留在团市委，搞了一个青年文工团。从 4 月开始到 10 月底，搞了半年。这半年可以说是我们第一次参加工作。青年知识分子都集中在一个大院子搞一些宣传工作，应该说对我们的人生是一大考验。

张晓虹：为什么呢？

江平：因为 60 年以后我们又聚会，这些青年文工团的人都已经是 70 岁、80 岁的人了。大家回忆当时参加革命的热情，还是很有感触的。青年文工团半年之后，我就到团市委的军体部工作了。那时候政府没有体育工作，所以体育工作是由团市委来领导的，应该说我是经历了文艺工作跟体育工作的熏陶的。

江平：在团市委的体育分会工作了一年多以后，突然有一天通知我被选派到苏联去学习。这对我们来说是很突然的。我从燕京大学一年级出来参加工作，没有想到又被派出国，又去学习。

当初团市委的人还提出来说，你既然已经搞了体育工作，就去学体育吧，但是后来没有。因为当时所有的学习内容都是按照组织分配的原则，派你去学什么就学什么，应该说当初对于法律还是有选择的。我们第一批派的是 12 个人，当初总共才 400 多个人，应该说按照在整个自然科学和社会科学里的比例，它（法律）都占有相当的地位。国家还是重视法律的，但是我本人对法律没有兴趣。可是既然派你了，这就是第一任务了，所以我在留苏的这五年期间对法律也就产生了兴趣。

张晓虹：当时如果让您选择的话，您会选择哪个科目呢？

江平：应该说新闻还是很好的。因为当时我们有一些人是去学新闻的，莫斯科大学新闻系，我觉得这些人学了都很好的，也有他自己的理想、志愿。

留学苏联：六年课程五年学完

张晓虹：那五年期间，您是怎么度过的呢？

江平：在苏联是两个阶段，第一个阶段我们在喀山（大学）。喀山（大学）是列宁开始学习、从事革命的地方，所以喀山大学法律系有专门的列宁的座位，上面写着“列宁曾经在这里学习过”，当时能跟列宁作为前后同学应该说是很光荣的。

但是到了喀山之后，又发现不满足，为什么呢？中国人到苏联来学习你总要挑最好的学校吧，（当时）最好的学校就是莫斯科大学和列宁格勒大学，而这两个大学不去（还是很遗憾的），所以我们去了喀山不久，就向大使馆提出来要求转学。

另外也有一个理由就是，苏联在斯大林逝世之后搞了一个全国大赦，全国大赦放出来很多人，而当时喀山的社会秩序不算太好，经过了大赦之后，应该说又差了一些。所以中国学生有人人自危之感，觉得应该到比较安全的地方，到中国学生比较集中的地方。当时在喀山有中国学生学习的学校共有三所，学法律的，学航空的和学化工的，最后这三所学校的中国学生都到了莫斯科，这是我们第一个阶段。

第二个阶段就是在莫斯科大学。我们知道苏联高等学校分学院和大学，学院是四年，大学是五年。所以我们转到了大学之后，如果加上头一年专门学俄语，那我们就要变成六年了，六年这个时间消耗太厉害了。我们当时所有的留学生去了苏联，五年也好，六年也好，都不能回国，因为回来一次花费太大。所以从这个角度来看，我们是极力希望尽量能够早学完回国来参加工作、报效祖国。

我们去的这一批 12 个人，除了一个（学过）俄语，其他都是头一年作为预备班学员专学俄语。后来的学生就不一样了，都是头一年在国内先学俄语。我们这第一年在国外学外语，花费是很大的。我这个人因为原来在国内俄语没有很扎实的基础，但是自学了一点，语法、单词也稍微了解一点，所以在第一年里面，我头半年专门学了俄语，到下半年就插班进入了第二年课程的学习了。

这样的话，第一学期差的那四五门课，我通过后来的两年把它补考完毕，所以我等于是提前一年回国了，也就是 1956 年我回国了。这就出现一个很有意思的现象，就是最后我抢了一顶“右派”的帽子。因为如果你到 1957 年的 7 月回国的话，完全反右的形势已经都展开了，那就没有这个可怕的政治运动了。所以有人给我开玩笑说“你努力学习的结果是抢到了一顶右派的帽子”。

中苏关系的三个阶段：斯大林的问题是怎么造成的

张晓虹：有时候一些事情确实是特别巧，再回过头来看，当时苏联算是中国的“老大哥”，您作为中国留学生去苏联，苏联人对您友善吗？当时的中苏关系是怎么样的？

江平：中苏关系就我的回忆来理解是分为三个阶段。斯大林在的时候，对中国是持怀疑态度的。所谓怀疑态度，就是他始终认为中国是农民运动，这个农民不是真正的工人阶级的政党，所以他怕中国人走的道路是另外一条道路，不能跟苏联的想法真正一样。从过去毛泽东和斯大林之间的不断的纠纷也可以明显看出这个问题。斯大林并不特别信任中国，虽然后来对中国革命也给予了比较好的评价，但是在心中并不是这样。

我们去苏联那时候感觉特别明显。比如说我们 1951 年去的时候，当时有一条规定，中国学生不能够在苏联搞任何的党的活动，也就是说中国共产党的地位在苏联的政治生活中是非法的，你用别的名义可以，但不能用中国共产党的名义来进行。

张晓虹：为什么呢？现在来看，我们真的是无法理解。

江平：它就认为你是一个国家，你外国党在这儿活动怎么行呢？所以，中国跟苏联的关系真正的密切，是斯大林死后，1953 年以后了，或者说从 1954 年到 1957 年、1958 年这一段应该说是中苏关系最密切的时候，这样的话，中国共产党活动也公开了，我们也可以以中国共产党的名义跟苏联的党来进行交涉，搞一些活动。这一段时间关系真正不错。赫鲁晓夫执政的时候是中苏关系最好的时候。

第三个阶段开始出现摩擦和纠纷，从1957年、1958年以后开始出现，最厉害的是到了60年代，一直到珍宝岛武装冲突。这是中苏关系的三个阶段。

从我们在苏联的接触来看，对我影响最大的是赫鲁晓夫在二十大所做的报告，就是关于斯大林的个人迷信的报告。这个报告开始时叫“秘密报告”，后来公开传达，外国学生也可以随便听了，而且还不断地来报告，或者通过喇叭来广播。

当时苏联的很多学生是很不能接受的。因为原先看的斯大林是神一样，而听了这个报告以后，斯大林实际上变成了一个凶犯。杀掉了多少政治局委员，杀掉了多少党代表，应该说这是一个个人品行很罪恶的人。

所以有些苏联学生喝酒、闹事，想不通，我们也想不通。斯大林是这么一个世界共产党人所崇拜的人，现在怎么变成这样了？这应该说在我的个人思想中也是一个重大的转变。

也就是说，斯大林的问题究竟是什么东西造成的呢？我觉得不能怪罪到一个人身上。

评论苏联的法律：宪法精神从本质来说是被践踏

张晓虹：那么当时苏联的这种法律制度在当时世界来说算是先进的吗？

江平：我觉得苏联的法律制度应该从两个方面来看，不要因为我们跟苏联关系好，我们就认为它很好，关系不好的时候，我们就认为它很坏。应该从两个方面来看，第一，它有好的一面，这个好的一面是什么呢？就是苏联的法律制度始终没有中断，没有像我们的“文化大革命”，文科都要取消或者是类似这样的东西。列宁在十月革命胜利了以后，废除的只是土地私有。它的两个宣言，一个是《土地宣言》，一个是《和平宣言》。也就是说，它并没有把旧俄罗斯的法律全部废除。连民法它也没有废除，民法典也没有废除，所以它有一个“继受”。它只是在1923年通过了民法典，把原来的民法典废除了，而我们国家一开始就废除了所有国民党的法律。

张晓虹：也就是说那个时候新中国所有的法律是……

江平：全部废除了，全部空白了。

张晓虹：一个国家要运行，没有法律怎么办呢？

江平：都是在无法的情况下存在的。苏联的法律教育制度也可以说是没有废除。你看莫斯科大学，这应该说是典型了。

我在莫斯科大学学习的时候，还学拉丁文，还学罗马法，因为他认为罗马法是法律的根源，他是不能够废除的。你可以批判旧俄罗斯的法律，旧沙皇的法律，但是你不能批判罗马法。罗马法是母法，它是根源。在这个意义上，它还有一定的历史传统。所以我可以说，在苏联学习的法律，特别是像民事法律这些，它基本的体系还是跟德国法律、罗马法律差不多的。这就造成一个很荒谬的现象，就是我们去到苏联学法律的时候，领导说了一句话“旧法的书一律不能带”，到苏联去学崭新的法律。可是那些法律在苏联的体系仍然是德国民法典或者是罗马法的那个体系，所以它基本的法律体系的思想应该说还保留着原来的东西。

苏联法律的问题在哪里呢？我觉得关键就在于它的意识形态。当然它讲的法律理论仍然是马克思主义的，或者说这个法律是阶级斗争的工具，是专政的工具。斯大林（时期）的宪法也有，但是斯大林（时期）的宪法有，并不代表着它有先进的法治。有宪法并不代表有宪治，所以这一点对我们来说是很突出的。这边斯大林宪法还有“宪法节”，每年要纪念宪法节，但是那边的宪法精神从本质上来说是被践踏的，没有什么真正的个人的民主自由的权利。只要是反对现政权、对现政权有不同的意见，就把你抓起来，这哪里叫宪法精神呢？所以这一部分是比较差的。尤其是维辛斯基（原苏联外交部部长）当了苏联法学界的最高代表人物后，维辛斯基那是最破坏法制精神的，迫害那些反对派，迫害那些人，所以应该说，他的实践和其理论所代表的思想是不一致的。

张晓虹：那么就是说，经历了这些，你自然而然地会有一种怀疑。那个时候方向还明确吗？比如说回国之后，能做什么，不能做什么？

江平：那当然还是很明确的，那个时候还是对苏联的法律不怀疑。虽然个别一些东西我可以来纠正，但是一个社会主义国家必须有法律来作为你的治国方式也好，其他的管理方式也好，这是不可动摇的。

留学归来：抢到了一顶“右派”的帽子

张晓虹：您 1956 年提前学成回国，“抢了一顶右派的帽子”，当时把您打成右派是因为什么原因呢？您有什么样的罪状呢？

江平：我们知道右派是有各种原因的，有的是因为历史上的，一直跟共产党意见不一样，有的是因为个人利益的膨胀，我其实就是写了一张大字报，是 20 个老师助教写的大字报。

当初回国后，都鼓励年轻人向党提意见。因为当时是整风时期，要帮助党整风，我又是五年一直在国外，不知道国内的情况，所以校党委也更是希望我带头给党提意见。提意见过程中，我们20个教师就酝酿了一个大字报，这个大字报有五点内容，成立整风委员会，鼓励中层干部向党提意见，还有什么工会选举，等等，五条。

这个大字报写出来后，当时很轰动，因为这是教师里面一个很重要的活动。当初书记、副书记（北京政法学院）来看的时候都说不错，大字报写得很有水平。但是到了反右斗争开始的时候，就把这个大字报叫作反党大字报，我是积极分子，是带头写的，就被划定为右派。

当时我刚从苏联回来，回来之后，由于苏联有司法代表团到中国来访问，所以我还被抽调去专门接待苏联司法代表团，回到学校已经差不多11月了。我在学校的时间很短，有人就怀疑，说江平划为右派的社会基础是什么呢？因为什么被划为右派呢？为这个事专门在我们学校的礼堂还搞过一次辩论，最后得出的结论就是，我之所以成为右派，是因为资产阶级民主自由而形成的。

为什么呢？分析我的历史原因，中学是在教会学校，一天到晚想着民主自由。你到了大学，燕京大学，又是号称“自由、民主”的学校。对于这个结论，我本人应该说又接受又不接受。

接受的一条是，大体上我的思想根源是民主自由的思想。但是不好接受的一个很重要的理由就是，为什么民主自由就是资产阶级的？我们怎么不讲社会主义民主自由呢？好像一说民主自由人权这都是西方的观点。当时也是实在觉得这个问题不好解决，在我的思想中始终是一个疙瘩。现在不一样了，我们也讲人权，也讲民主。这个是关键的问题。

人生三大打击：政治、情感、肉体

张晓虹：当时对那种形势的判断是怎么样的呢？

江平：当初的右派性质是“敌我”，但是按人民内部矛盾来处理，是这么一个提法，而且越来越升级。这一点对我们来说是很难接受的，因为你等于说把它划到人民之外了，但是我按人民内部矛盾来处理。对我来说，应该说打击是很大的。当初我是按很优秀的知识分子派到国外去学习的，在国外五年期间根本没有想到什么可能是敌我矛盾，我回来自然（认为）我是红色的，所以这一点是完全出乎我自己的意料。

我的打击是三个，一个是政治上的打击，从人民内部变成了敌我了。第二个就是紧接着与新婚的妻子离婚。在苏联认识了，但不准结婚，因为纪律不允许，回国之后我马上结婚。她是1957年回来的，结婚之后，没多少天我又被划为右派，对方就提出来要求离婚。那我怎么办呢？我只能答应，不能妨碍人家的政治前程。

第三个就是被火车轧断了腿，这也是一个很大的打击。在西山劳动的时候，因为那个地方正在修桥，我们去拿钢丝绳，突然火车滑行下来轧断了腿。这三个打击应该说对人生来说是非常大的，但是在当时还是可以忍受。

张晓虹：为什么那个时候人的韧性可以这么强呢？

江平：可以忍受的一个原因就是，我还是属于右派里面处分比较轻的，或者说几乎是最轻的一类。我们知道右派处分分为极右和右派。极右是一类、二类、三类处分，这是要到校外去劳动改造，只给十几块钱生活费。作为右派处分的，就是四类、五类、六类。四类的处分是降两级（工资），五类的是降一级（工资），六类就是免于处分，就是不降级，在学校统统只有两个人。我是第五类处分，工资降了一级。

张晓虹：那您那个时候工资拿多少钱？

江平：原来是 78 块。

张晓虹：在五几年您就能拿 70 多？

江平：因为我参加过工作我又是留苏人员，所以比国内的正常毕业生要高两级。所以降一级处分生活上没有太大的影响，还是可以的。在这种情况下，作为四类、五类、六类都留校，工作要变化一下，你不能再教法律了，法律是阶级斗争的工具，刀把子。你不能再讲课了，哪怕民法你也不能讲了。所以就把我调到了外语教研室，教外语。我想教外语也好吧，也终究是老师，我是在这种情况下留校的。所以在划右派以后，一直到“文化大革命”之前，我从事的主要就是外语教学。

张晓虹：那期间有一段，您是到“五七干校”下放的？

江平：“五七干校”已经进入到“文化大革命”了，也就是说我从1957年到1966年这一段期间主要是留在学校教学。

张晓虹：是北京政法学院吗？

江平：对。

张晓虹：当时北京政法学院在国内是处于什么样的地位呢？

江平：当时号称几大法学院，北京政法学院也是其中之一，所以应该说还是我们国家在培养法律方面的重点学校。

“文革”期间：卖掉法律书，对中国法制建设完全悲观

张晓虹：三年的自然灾害，那个时候您在北京，您是怎么过的呢？生活受到很大的影响吗？

江平：这一段时间，我也区分为两段。一段就是劳动期间。右派都要参加校内劳动，我们是在大台的基地。那时候应该说没有太受粮食问题的影响，为什么呢？因为当时凡是属于重体

力劳动的都有特殊的标准，或者说它那个时候还是敞开吃的，因为是你自己种的粮食拿来（吃）。我直到1959年才再回这个学校。回学校的时候，开始出现了暂时困难，或者说灾害。那个时候定量都减到了一个月25斤，就是一天一斤都不到，而且那时候没有更多的副食或者是糕点来补充，肉也很少，所以应该说是最困难的时候。不过相对来说，（我）还好一点，为什么呢？因为学校并不是体力劳动很重的。所以像这种情况应该说还能够忍受，还没有到了生活不下去的情况。当时也有一些其他的措施，“瓜菜代”各种的方法能够使你尽量做得大一点，或者是其他的代用品有一些，这还好。但是营养不良、浮肿，这是普遍现象。

张晓虹：您刚才说过您有过三个打击，在经历了这些后，您有没有问自己一个问题，什么时候会是一个头？

江平：我从苏联回来的时候带了许多书。我几乎把留苏期间所节省的钱都用在了两个地方：一个是买照相器材，我爱照相；另外一个就是买书。所以带回来很多箱子的书，托运都花了很多钱。开始我总希望这些书能够派上用场，因为你要学苏联，要教法律，你必须要借助这些书。后来中苏关系出现问题，中国的法制又出现这个情况，所以当初认为能够实现自己的目标真正来教法律的机会很少了。我直到“文化大革命”期间，才下决心把这些书当废纸卖掉了，除了几本比较好的资料性的书留下以外，其他的都卖掉了。我想那个时候是我对中国的法制建设完全悲观的时期，认为中国没有太多法制的希望了。

张晓虹：对自己以后的人生道路方向感可能也没有了。

江平：是。

张晓虹：这样的话，后来是怎么样慢慢过来的呢？

延庆中学任教六年

江平："文化大革命"以后，开始的四五年都是停课闹革命，每天都是写写大字报。这些我们又不能参与，只不过帮人家抄大字报，总的来说还是属于"靠边站"的人物。到了1971年（政治风向）很明确了，北京政法学院解散。

张晓虹：它为什么要解散呢？

江平：认为学法律没用了，"文科无用论"，文科里面的法律尤其没有用处，所以这样北京政法学院解散。我们是在安徽五铺濉溪县那儿搞"斗、批、散"，斗批完了就解散了。当时应该说知识分子的境遇是很悲惨的，或者说这些知识分子没人欢迎。大学教授也好，副教授也好，讲师也好（都）没人欢迎，除非你有很好的政治背景。

我被分配在安徽宿县师范学校。去报到的时候，我讲到了我的困难，我的户口，我的家里，我的孩子……人家说你爱到哪儿到哪儿，我不欢迎你们。你是分配来的，你不到这儿报到，你只要找到地方你就可以去。这样的话，我们就可以在北京自己找了。可是当时的分配情况也很有意思，有的人临解散的时候手里面就已经拿到了五六个派遣证，自己看去哪儿好，那显然是有门路的，有关系的，红色的。我们这些就变成了到北京到处求职了。我记得我还到第二外国语学校去求职过。我是教外语的，我留苏留了五年，那个时候俄语还是最受欢迎的，去那儿总可以吧？人家一看你的政治情况，完全拒绝，不欢迎。

张晓虹：当时只要是政治不合格，在社会上就没有位置。

江平：没有位置。所以最后我只能够在北京市的远郊区延庆县，那有一个（北京政法学院）毕业的学生，在那儿做教育局的副局长，说江老师当初还教过我们外语，很不错，到我们这儿来吧。这才能够进入（北京）了。

不过说真的，那六年半在远郊区的生活是我一生中生活很愉快的时光。因为人家不很介意这个（右派身份）。

我开始是教外语，第二年就教政治课了，那是县里面第一个最好的中学，我当政治课的组长了，我受宠若惊了。我想我要在大学是不可能有这么一个（机会）教政治课，还是组长。所以在延庆中学的时候，参加的一些活动使我感觉到，政治上的歧视在地方人家是不看的，他就看你的才能如何。

我在那儿做周总理逝世的报告，全校的，我做运动会上的解说，觉得心情很愉快，因为人家充分相信我。所以在这个地方度过了六年，等于说是我生活中的一大快乐。再往下就是改革开放开始了。

1978年："为'右派'平反是对我最大的解放"

张晓虹：1978年9月十一届三中全会。我也是那个时候出生的。但是我们这代人来看的话，就觉得那个年份就只是一个数字，只是一个历史上发生的事情而已，但是对您来说，尤其是在您前期经历了这么多的事情，这一天对您来说可能是意味着什么？您怎么样感觉到它的风向、风气变了？

江平：是啊，因为从这时候开始，我们的政治风气发生非常大的变化。我记得那时候王家福是列宁格勒大学学法律的，当时在（社会科学院）法学研究所。他专门跑到延庆县教育局，希望调我到法学研究所工作，因为他觉得现在学法律的人真正剩下的不多了，还能够充分发挥我的作用。可是北京政法学院要复校，我就寄希望于回北京政法学院，因为我毕竟是北京政法学院的人。当初从那里出来的人，他们都了解我，所以我后来又回到了北京政法学院，他们也欢迎我。

回去后马上就是为“右派”平反、甄别，这应该说是一个很大的没有想到的事情。应该说，能够为几乎所有的“右派”平反，所有的档案都销毁，还给本人，你愿意怎么处置就怎么处置，历史上不作为一个问题，完全可以和正常的人一样来使用，这对我是一个最大的解放。

因为“右派”平反了以后，当初民法的教研室里面，我就成为一个负责人，之后又过了四年左右，领导要换班子，司法部专门派来一个考察组来考察，最后把我选为副院长，来主管学校的教学、科研工作。我想这应该说是我人生的一个重大的转折，从此我开始进入领导行列了。

1979 年：北京政法学院复校，师资和教材缺乏是最大困难

张晓虹：您当时被任命为副院长的时候，北京政法学院那个时候叫中国政法大学吗？

江平：没有，还叫北京政法学院。改成中国政法大学是 1983 年改的，正式挂牌子。

张晓虹：那您当校领导的时候，您面对的是一种什么样的情况？整个学校的情况是怎么样的？

江平：应该说，政法学院是 1979 年复校，复校面临着最大

的问题就是师资和教材的缺乏，这是非常明显的。

张晓虹：生源情况如何呢？

江平：招的学生应该是都很了不得的。这些人都是高考恢复以后，实践工作里面突出的优秀的人才，七八、七九、八〇级，还都是从社会上来招，都是最优秀的，但是教师跟不上。

教师跟不上有几个原因，一个是老一辈的教师过去有的被打倒了，有的被批判了，有的年纪也大了，所以老教授这部分几乎没有几个可以再使用的。如果从学校原有的50年代、60年代培养出来的学生来看，当时因为是在“左”的时期，这些都是以“政治红”来作为留校标志的，这些“政治红”可以说是政治工作经验很丰富，但是在教学方面还很差。

“我是在历史的特殊点上被重用的”

江平：当时没有几门真正的法律课，外语几乎都用不上了，因为都是学俄语的，俄语也没有学太好，所以我可以说，我就是在当时的这种特殊情况下，在历史的一个特殊点上被重用了。因为从苏联回来的没几个人了，而且我在燕京大学还学过，有一定的英语基础，有一定的俄语的基础。我还有留学的经验，还有一些学的课程，有些当时还是比较成体系的课程，所以我有这个优势。这在当时来说是很不错的了。担任校长、副校长主管教学和科研领域的时候，我第一个头疼的问题是解决教师的问题。只有有好的教师，才能够培养一批新的人才，才能够按新的观点来培养我们的法制人才。所以人是最关键的，这只能够寄希望于1979年、1980年这一批入学的学生。

所以1979年那一批学生里面是有很多优秀人才的，我们在这批人里面挑一些留校做教师，而且做教师之前先学三年的研究生。我们请了全国最好的一些老师来培养，这样的话，就形成了第一批的梯队。现在这一批人就是法学，包括中国政法大学，站在讲台上的最得力的骨干。

1979—1989年：中国法学从贫穷走向富裕的时期

张晓虹：如果那个时候您是应王家福先生的邀请去了社科院，那会是一个什么样的情况呢？

江平：那当然不一样了，社会科学院法学研究所主要是搞法学研究，它没有学生，没有教学任务。作为一个大学来说，它还是有点像军营，每年有战士来入伍，每年有不少新的大学生来培训，这是很重要的。主管教学科研的第二个任务就是开什么课程，我觉得这对我们来说是很重要的。因为现在你再按原来的一些法律体系来教已经不行了，更重要的是吸引、吸收国外的一些好的课程的设置。

在此以前或者说在“文化大革命”或者是再早以前，大学里面教的课程，凡是涉及西方国家的，都要加强批判内容才能够开，比如西方国家法学批判，西方的什么批判。

改革开放之后，我们思想有些解放，或者说我们也已经突破了这一个禁区。拿我的领域来说，我当时在学校开了两门课，一个是《罗马法》，不是罗马法批判，讲当时人家是怎么做出来罗马法的有关规定的。再一个是西方国家的《民商法》，这门课也是完全新的。

当时我们没有多少西方国家的民法，特别是商法。还没有股份制公司，票据是什么东西都不知道，股票是什么也不知道。这些东西在西方国家已经是实行的很有效的东西。所以在这种情况下，我们开这两门课实际上就是对现有课程的改革，更多地给学生新的知识，用现代的眼光、现代的治理国家的手段来培养学生，那么这一代学生的思想应该说是和国际潮流接轨的。

我也参加了社会上的一些立法活动。1986 年制定了民法通则，还有一些其他的单行法，参加了社会上的一些立法活动和法学中的讨论研究，提高了我们国家的整个的法制水平。

80 年代初的时候，我记得当时对于经济学、哲学、法学都有一些评语，那时候对于法学，最大的说法就是贫穷，贫穷的法学。中国的法学实在太贫穷了，老师备课的书籍是什么书籍？那时候外语又看不懂，所以台湾的书籍成为最热门的。因为台湾的法律和我们类似，都是大陆法系。台湾的像史尚宽，像王泽鉴，他们的一些著作成为老师案头必备的参考书。

可是到了90年代情况就不一样了，中国法律的发展已经很快了。我们的学生，尤其是成了硕士生和博士生以后的，他们所阅读的书籍，他们所写的论文，已经有很多独创的见解了。

张晓虹：如果说让您来形容那段日子的话，您觉得它在您记忆当中占有什么样的地位？

江平：它是我一生中在法学教育方面很有独创的、很蓬勃发展的一段时间。可以说从1979年到1989年这一段时间，是中国法学从贫穷走上内容越来越富裕、逐渐形成了有中国特色的法学教育的这么一段时期。实际上我在学校的主要贡献也是在这一段时间。

现阶段：专家参与立法程度越来越高

张晓虹：其间您也有很多身份，担任过全国人大常委，也参加了民法通则制定，还担任过信托法、合同法起草组的组长，并且参与制定公司法、合同法、物权法，这些法都在我们日常生活中尤其是经济生活中起到非常重要的作用。那么您参与这些法律制定的那个时候，中国的法律状况是什么样的呢？

江平：应该说学者参与的程度是越来越高的。民法通则1986年通过的时候，也找了四个专家，佟柔、王家福、我、魏振瀛。我理解这是专家参与，就是不要闹太大的笑话。中国的法律结果跟国际上有很大的不同，做法不一样也不好，不要让人觉得有这样一些东西。但是专家参与的程度还是比较低的。

后来到了行政诉讼法就不一样了。行政诉讼法是成立了行政诉讼研究小组，行政立法研究小组。这个行政立法研究小组就是作为领导机关的立法参谋机构了，它自己就来起草了一部法律，起草了行政诉讼法的草案。但是这个草案只作为一个初稿提交给立法机构，然后立法机构在这个基础上再去征求部门的意见，去征求各级人大常委会的意见。草案也起了很重要的作用，但是最后通过的稿子跟它已经相差很多了。

到了后来的物权法、合同法这都是专家先来起草的，但是专家的起草稿和最后通过的（最终稿）变动很大。原因就在于专家起草的东西是从专家的角度来考虑，能不能在全国适用，很复杂。你要看看各部门意见怎么样，各个部门的意见不一样的话，还会有很大的变动。所以应该说，专家的立法在不同的时间、不同的场合，在不同程度上会影响立法。

张晓虹：那我是不是可以这么来理解，就是说我们现在出台的这些所谓的法律法规，还是一个在各种利益博弈下的一个产物？

江平：是。它必然是利益、矛盾、冲突的折中。

中国从“立新法”向“修改旧法”的转变

张晓虹：那要是这样的话，是不是也意味着我们下一步针对相关法律的修改还有很长的路要走呢？

江平：中国的法律，应该说有十年左右，一部法律就会出现落后，跟现实发生矛盾了，像合同法、物权法这些基本的法律，十年时间，应该说中国的经济发展很快，变化很大，你再不改就落后了。所以从现在的情况来看，至少在现今阶段，中国的立法已经越来越从“立一个新法”变成“修改一部旧法”，也就是说，修改法律的作用越来越突出了。很多法律是已经修改过一遍或者是两遍了。但是修改法律也有一个问题，中国的法律不可能太体现改革的精神。

拿物权法来说，物权法很多都是折中的产物，它不可能太超前，因为太超前的话，可能对中国的实践带来反面的作用。你比如说物权法，大家也讨论宅基地、房子能不能流动，能不能流通，而且有些地方也有这样的做法。但是如果你法律上写的条文太流通了，太给了房屋的所有人以自主权利的话，那给农村带来的影响就太大了，所以中国的法律很慎重。中国土地那么大，各个地方很不相同，在广州、珠江三角洲地区可行的，到别的地方不见得就完全可行，所以中国得按最低的那个标准来立，不能都按先进地区的标准来立。这是一个很大的问题。

中国的法律有很多还不能够真正实现法治

张晓虹：如果说法是一个“标杆”的话，不同的地方对“标杆”的需求是不一样的。

江平：是，所以这就是立法的难度了。其实中国现在立法不能够太强调刚性，因为法律的刚性在那儿，有一个标准了，你不符合它就是违法，那怎么办呢？全国都是违法，你也麻烦。土地问题，最突出地表现了这一点。现在各地方的土地的实际做法太多了，土地流转的方式也太放开了。可是这些东西你完全写在法律上，还不行。这就是法律的刚性要求。

所以中国的法律有很多还不能真正实现法治，就是这个道理。这里面有的是正常的，有的就容易给人治造成空间。像重庆直辖市、成都，搞了“城乡一体化”的试点。它要采取实验的办法，试点的办法。哪些是合理的、合法的？哪些超过了这个范围就是非法的了，违反了土地管理法了，那你怎么办呢？所以中国一方面需要有法律，要有法治，一方面又要考虑到中国这么大，能不能全国都以一个标准来衡量，这个就是难度比较大的问题了。

张晓虹：如果说各个地方都有不同的相关法律的话，这个地方的事情归那个地方管辖的情况也会出现。

江平：是。

永远的江校长

张晓虹：中国政法大学的很多老师、学生都称您为“永远的江校长”。我还听马怀德老师说，政法大学的学生以见过您为荣，以听过您的讲话为幸事。面对这么多的赞美，您怎么样保持清醒呢？

江平：我想，这个事情应该是能够以平常心来对待的。比如说在有一年纪念校庆的时候，主持人念着这些在座的校长，所有的人都是照样念，而恰恰是念到我的时候，台下是接连不断的掌声。我可以体会到学生的这种感情，学生还是认为我是为了保护学生的利益下台的，给予了我支持。这是我很感动的。我感到学生能够时常记住我，包括给学生现在写的“法治天下”（中国政法大学正门处的石碑由江平题写）等等，他都希望我来给他们写这个东西，来表达这个意思。所以我觉得，虽然在校长被免职多少年以后，这个影响现在逐渐小多了，逐渐淡化了，但是总的来说，我非常理解学生对我的感情。这种感情我认为是对于一个有正义感的校长的一种同情和支持。

如果有来生，还要选择在大学当教授

张晓虹：您今年已经 79 岁了，马上也到了新中国成立 60 周年的周年庆，您不光是一个亲历者，也是一个见证者，同时又是中国民主法治进程的推进者，回首您走过的这些路，您有什么样的感受呢？

江平：我觉得对人生的感受来说，第一个就是，我常常讲如果来生再让我来选择的话，我还要选择在大学当教授。为什么呢？因为大学生是一个人在选择的专业里形成他的目标的一个时期，而法学的专业又是实现他的法治天下、法治理念的最重要的四年，如果这时候我能够从事教育工作，来为他们把自己的四年的法学教育搞得更好，当校长也好，不当校长也好，这都是你作为法学工作者、教育工作者价值的最大体现。

第二个，就是我自认为，我从划右派到后来出来工作，到后来又被免职，我觉得我的一生里面很重要的一个就是不说违心话或者尽量不说违心话，或者是在重大问题上我不说违心话。我是什么样，我就说出我的观点。你认为我合适，我就来担任工作，你认为不合适，你给我免掉，我还是一个教授。

中国历次的政治运动最大的问题我觉得就是培养了一种不敢说真话的思想。中国真正敢说真话的知识分子是比较少的，所以也可以说，这是知识分子的某种软弱性吧。可能从中国来说，知识分子总有一些软弱性。这种东西也不能太多地责怪当事人，说你怎么那么没有骨气。但是我只能说，在这种情况下，我尽量做到了说真话。不去诬陷别人，不去往上爬，不去为了追求官职而昧掉自己的良心，我觉得尽量做到这一点，是我一生很大的愿望。所以我在当校长期间，我也没有为了当什么去跑官或者跑什么，我觉得知识分子就是凭自己的知识和能力，能够在这个范围中做到了学生觉得这个老师还有他的起码的良心，有起码的政治理解，这就够了。

（原载腾讯新闻·深度对话2008年第32期）

编后小记

江平先生作品集，坊间已有近十种。举凡论文、随笔、演讲、序跋，几乎囊括殆尽。因此，当侯天保先生邀我编辑一册江平先生“大家小书”时，我颇费踌躇。苦思冥想多日，突然灵光乍现：何不编一本“江平谈律师”？

之所以选这个角度，一则，江平先生对律师这个群体“爱之弥深，责之甚切”，倾注了深厚情感和殷切期望，相关著述累积颇丰。二则，我创办并主编《律师文摘》十四载，江先生是拙刊的学术顾问和精神领袖。在律师这个话题上，我们师生二人有说不完的共同语言。而以我对江先生和律师群体的了解和热爱，编选这样一本书，实乃当仁不让的最佳人选。

书中一些演讲和访谈，发生在不同时间和场合，虽然江先生当初准备时已力避重复，我们在编辑过程中亦精心调整，但个别案例和名人名言仍难以割爱，敬请读者明鉴。

感谢江平先生对我的信任，感谢侯天保先生的耐心与宽容、敬业与执着，感谢北京平商律师事务所主任陈波博士提供部分文章电子版，感谢艾群女士和木拉提博士提供部分图片，感谢所有原发报刊。特别感谢北京出版社玉成此书——能够入选出版界知名品牌“大家小书”，应该是江先生喜闻乐见，也是编者深感荣幸的。

谨以此书献给江平先生九秩华诞！

最后，感谢所有阅读本书的读者！

孙国栋

2020 年 9 月 18 日

国家新闻出版广电总局
首届向全国推荐中华优秀传统文化普及图书

大家小书书目

国学救亡讲演录	章太炎　著　蒙　木　编
门外文谈	鲁　迅　著
经典常谈	朱自清　著
语言与文化	罗常培　著
习坎庸言校正	罗　庸　著　杜志勇　校注
鸭池十讲（增订本）	罗　庸　著　杜志勇　编订
古代汉语常识	王　力　著
国学概论新编	谭正璧　编著
文言尺牍入门	谭正璧　著
日用交谊尺牍	谭正璧　著
敦煌学概论	姜亮夫　著
训诂简论	陆宗达　著
金石丛话	施蛰存　著
常识	周有光　著　叶　芳　编
文言津逮	张中行　著
经学常谈	屈守元　著
国学讲演录	程应镠　著
英语学习	李赋宁　著
中国字典史略	刘叶秋　著
语文修养	刘叶秋　著
笔祸史谈丛	黄　裳　著
古典目录学浅说	来新夏　著
闲谈写对联	白化文　著
汉字知识	郭锡良　著
怎样使用标点符号（增订本）	苏培成　著
汉字构型学讲座	王　宁　著

诗境浅说	俞陛云　著
唐五代词境浅说	俞陛云　著
北宋词境浅说	俞陛云　著
南宋词境浅说	俞陛云　著
人间词话新注	王国维　著　滕咸惠　校注
苏辛词说	顾　随　著　陈　均　校
诗论	朱光潜　著
唐五代两宋词史稿	郑振铎　著
唐诗杂论	闻一多　著
诗词格律概要	王　力　著
唐宋词欣赏	夏承焘　著
槐屋古诗说	俞平伯　著
词学十讲	龙榆生　著
词曲概论	龙榆生　著
唐宋词格律	龙榆生　著
楚辞讲录	姜亮夫　著
读词偶记	詹安泰　著
中国古典诗歌讲稿	浦江清　著 浦汉明　彭书麟　整理
唐人绝句启蒙	李霁野　著
唐宋词启蒙	李霁野　著
唐诗研究	胡云翼　著
风诗心赏	萧涤非　著　萧光乾　萧海川　编
人民诗人杜甫	萧涤非　著　萧光乾　萧海川　编
唐宋词概说	吴世昌　著
宋词赏析	沈祖棻　著
唐人七绝诗浅释	沈祖棻　著
道教徒的诗人李白及其痛苦	李长之　著
英美现代诗谈	王佐良　著　董伯韬　编
闲坐说诗经	金性尧　著
陶渊明批评	萧望卿　著

古典诗文述略　吴小如　著

诗的魅力
——郑敏谈外国诗歌　郑　敏　著

新诗与传统　郑　敏　著

一诗一世界　邵燕祥　著

舒芜说诗　舒　芜　著

名篇词例选说　叶嘉莹　著

汉魏六朝诗简说　王运熙　著　董伯韬　编

唐诗纵横谈　周勋初　著

楚辞讲座　汤炳正　著
汤序波　汤文瑞　整理

好诗不厌百回读　袁行霈　著

山水有清音
——古代山水田园诗鉴要　葛晓音　著

红楼梦考证　胡　适　著

《水浒传》考证　胡　适　著

《水浒传》与中国社会　萨孟武　著

《西游记》与中国古代政治　萨孟武　著

《红楼梦》与中国旧家庭　萨孟武　著

《金瓶梅》人物　孟　超　著　张光宇　绘

水泊梁山英雄谱　孟　超　著　张光宇　绘

水浒五论　聂绀弩　著

《三国演义》试论　董每戡　著

《红楼梦》的艺术生命　吴组缃　著　刘勇强　编

《红楼梦》探源　吴世昌　著

《西游记》漫话　林　庚　著

史诗《红楼梦》　何其芳　著
王叔晖　图　蒙　木　编

细说红楼　周绍良　著

红楼小讲　周汝昌　著　周伦玲　整理

曹雪芹的故事	周汝昌　著　周伦玲　整理
古典小说漫稿	吴小如　著
三生石上旧精魂 ——中国古代小说与宗教	白化文　著
《金瓶梅》十二讲	宁宗一　著
中国古典小说十五讲	宁宗一　著
古体小说论要	程毅中　著
近体小说论要	程毅中　著
《聊斋志异》面面观	马振方　著
《儒林外史》简说	何满子　著
我的杂学	周作人　著　张丽华　编
写作常谈	叶圣陶　著
中国骈文概论	瞿兑之　著
谈修养	朱光潜　著
给青年的十二封信	朱光潜　著
论雅俗共赏	朱自清　著
文学概论讲义	老　舍　著
中国文学史导论	罗　庸　著　杜志勇　辑校
给少男少女	李霁野　著
古典文学略述	王季思　著　王兆凯　编
古典戏曲略说	王季思　著　王兆凯　编
鲁迅批判	李长之　著
唐代进士行卷与文学	程千帆　著
说八股	启　功　张中行　金克木　著
译余偶拾	杨宪益　著
文学漫识	杨宪益　著
三国谈心录	金性尧　著
夜阑话韩柳	金性尧　著
漫谈西方文学	李赋宁　著
历代笔记概述	刘叶秋　著

周作人概观	舒　芜　著
古代文学入门	王运熙　著　董伯韬　编
有琴一张	资中筠　著
中国文化与世界文化	乐黛云　著
新文学小讲	严家炎　著
回归，还是出发	高尔泰　著
文学的阅读	洪子诚　著
中国文学1949—1989	洪子诚　著
鲁迅作品细读	钱理群　著
中国戏曲	么书仪　著
元曲十题	么书仪　著
唐宋八大家 ——古代散文的典范	葛晓音　选译
辛亥革命亲历记	吴玉章　著
中国历史讲话	熊十力　著
中国史学入门	顾颉刚　著　何启君　整理
秦汉的方士与儒生	顾颉刚　著
三国史话	吕思勉　著
史学要论	李大钊　著
中国近代史	蒋廷黻　著
民族与古代中国史	傅斯年　著
五谷史话	万国鼎　著　徐定懿　编
民族文话	郑振铎　著
史料与史学	翦伯赞　著
秦汉史九讲	翦伯赞　著
唐代社会概略	黄现璠　著
清史简述	郑天挺　著
两汉社会生活概述	谢国桢　著
中国文化与中国的兵	雷海宗　著
元史讲座	韩儒林　著

魏晋南北朝史稿	贺昌群　著
汉唐精神	贺昌群　著
海上丝路与文化交流	常任侠　著
中国史纲	张荫麟　著
两宋史纲	张荫麟　著
北宋政治改革家王安石	邓广铭　著
从紫禁城到故宫 ——营建、艺术、史事	单士元　著
春秋史	童书业　著
明史简述	吴　晗　著
朱元璋传	吴　晗　著
明朝开国史	吴　晗　著
旧史新谈	吴　晗　著　习　之　编
史学遗产六讲	白寿彝　著
先秦思想讲话	杨向奎　著
司马迁之人格与风格	李长之　著
历史人物	郭沫若　著
屈原研究（增订本）	郭沫若　著
考古寻根记	苏秉琦　著
舆地勾稽六十年	谭其骧　著
魏晋南北朝隋唐史	唐长孺　著
秦汉史略	何兹全　著
魏晋南北朝史略	何兹全　著
司马迁	季镇淮　著
唐王朝的崛起与兴盛	汪　篯　著
南北朝史话	程应镠　著
二千年间	胡　绳　著
论三国人物	方诗铭　著
辽代史话	陈　述　著
考古发现与中西文化交流	宿　白　著
清史三百年	戴　逸　著

清史寻踪	戴　逸　著
走出中国近代史	章开沅　著
中国古代政治文明讲略	张传玺　著
艺术、神话与祭祀	张光直　著 刘　静　乌鲁木加甫　译
中国古代衣食住行	许嘉璐　著
辽夏金元小史	邱树森　著
中国古代史学十讲	瞿林东　著
历代官制概述	瞿宣颖　著

宾虹论画	黄宾虹　著
中国绘画史	陈师曾　著
和青年朋友谈书法	沈尹默　著
中国画法研究	吕凤子　著
桥梁史话	茅以升　著
中国戏剧史讲座	周贻白　著
中国戏剧简史	董每戡　著
西洋戏剧简史	董每戡　著
俞平伯说昆曲	俞平伯　著　陈　均　编
新建筑与流派	童　寯　著
论园	童　寯　著
拙匠随笔	梁思成　著　林　洙　编
中国建筑艺术	梁思成　著　林　洙　编
沈从文讲文物	沈从文　著　王　风　编
中国画的艺术	徐悲鸿　著　马小起　编
中国绘画史纲	傅抱石　著
龙坡谈艺	台静农　著
中国舞蹈史话	常任侠　著
中国美术史谈	常任侠　著
说书与戏曲	金受申　著
世界美术名作二十讲	傅　雷　著

中国画论体系及其批评	李长之　著
金石书画漫谈	启　功　著　赵仁珪　编
吞山怀谷 ——中国山水园林艺术	汪菊渊　著
故宫探微	朱家溍　著
中国古代音乐与舞蹈	阴法鲁　著　刘玉才　编
梓翁说园	陈从周　著
旧戏新谈	黄　裳　著
民间年画十讲	王树村　著　姜彦文　编
民间美术与民俗	王树村　著　姜彦文　编
长城史话	罗哲文　著
天工人巧 ——中国古园林六讲	罗哲文　著
现代建筑奠基人	罗小未　著
世界桥梁趣谈	唐寰澄　著
如何欣赏一座桥	唐寰澄　著
桥梁的故事	唐寰澄　著
园林的意境	周维权　著
万方安和 ——皇家园林的故事	周维权　著
乡土漫谈	陈志华　著
现代建筑的故事	吴焕加　著
中国古代建筑概说	傅熹年　著
简易哲学纲要	蔡元培　著
大学教育	蔡元培　著 北大元培学院　编
老子、孔子、墨子及其学派	梁启超　著
春秋战国思想史话	嵇文甫　著
晚明思想史论	嵇文甫　著
新人生论	冯友兰　著

中国哲学与未来世界哲学	冯友兰　著
谈美	朱光潜　著
谈美书简	朱光潜　著
中国古代心理学思想	潘　菽　著
新人生观	罗家伦　著
佛教基本知识	周叔迦　著
儒学述要	罗　庸　著　杜志勇　辑校
老子其人其书及其学派	詹剑峰　著
周易简要	李镜池　著　李铭建　编
希腊漫话	罗念生　著
佛教常识答问	赵朴初　著
维也纳学派哲学	洪　谦　著
大一统与儒家思想	杨向奎　著
孔子的故事	李长之　著
西洋哲学史	李长之　著
哲学讲话	艾思奇　著
中国文化六讲	何兹全　著
墨子与墨家	任继愈　著
中华慧命续千年	萧萐父　著
儒学十讲	汤一介　著
汉化佛教与佛寺	白化文　著
传统文化六讲	金开诚　著　金舒年　徐令缘　编
美是自由的象征	高尔泰　著
艺术的觉醒	高尔泰　著
中华文化片论	冯天瑜　著
儒者的智慧	郭齐勇　著
中国政治思想史	吕思勉　著
市政制度	张慰慈　著
政治学大纲	张慰慈　著
民俗与迷信	江绍原　著　陈泳超　整理

政治的学问	钱端升　著　钱元强　编
从古典经济学派到马克思	陈岱孙　著
乡土中国	费孝通　著
社会调查自白	费孝通　著
怎样做好律师	张思之　著　孙国栋　编
中西之交	陈乐民　著
律师与法治	江　平　著　孙国栋　编
中华法文化史镜鉴	张晋藩　著
新闻艺术（增订本）	徐铸成　著
经济学常识	吴敬琏　著　马国川　编
中国化学史稿	张子高　编著
中国机械工程发明史	刘仙洲　著
天道与人文	竺可桢　著　施爱东　编
中国医学史略	范行准　著
优选法与统筹法平话	华罗庚　著
数学知识竞赛五讲	华罗庚　著
中国历史上的科学发明（插图本）	钱伟长　著

出版说明

“大家小书”多是一代大家的经典著作，在还属于手抄的著述年代里，每个字都是经过作者精琢细磨之后所拣选的。为尊重作者写作习惯和遣词风格、尊重语言文字自身发展流变的规律，为读者提供一个可靠的版本，“大家小书”对于已经经典化的作品不进行现代汉语的规范化处理。

提请读者特别注意。

北京出版社